Du même auteur :

Aux éditions BOD

La Câprière
ISBN : 978-2-9534456-5-7

L'enclos
ISBN : 978-2-8106183-0-9

Promenade
ISBN : 978-2-8106173-5-7

La source
ISBN : 978-2-8106179-5-1

Peau douce
ISBN : 978-2-9534456-3-3

L'aveu
ISBN : 978-2-9534456-6-4

Liberté
ISBN : 978-2-8106125-7-4

Femmes
ISBN : 978-2-8106124-8-2

Ma terre
ISBN : 978-2-8106163-8-1

Erotisme
ISBN : 978-2-8106228-7-0

Vivre d'espoir
ISBN : 978-2-8106220-2-3

La naissance
ISBN : 978-2-8106254-3-7

Alma mater
ISBN : 978-2-8106271-1-0

Méditerranée
ISBN : 978-2-3220313-3-7

Hoàng

ISBN : 9782322035007

HIRAM

Hoàng

Poèmes

Ce qui rend les amitiés indissolubles et
double leur charme, est un sentiment
qui manque à l'amour,
la certitude.

(Illusions perdues)
Honoré de Balsac

Chacun se dit ami ; mais fou qui s'y repose :
Rien n'est plus commun que ce nom,
Rien n'est plus rare que la chose.

(Paroles de Socrates)
Jean de la Fontaine

Préface

La vie... il l'a pour lui, il en comprend l'enseignement de ses temps. Il nous conte et annote ses moments, témoignage d'un présent partagé avec ses proches si pleinement.

Habile par la plume, son style s'exprime et le temps ... glisse plus doucement.

Cet homme ... est un homme accompli !

Il nous étonne à chaque instant quand il nous parle lentement , nous donnant les secrets de ses traces d'antan.

Il est en paix, soyez en convaincu. Son âme n'a pas changé, son devoir de guide est le témoin de cette vie au service de la pensée. Son cœur renferme ses mystères les plus profonds. Ses textes et ses toiles sont des instantanés d'une marée désirée.

Cet artiste, je le connais depuis 5 ans comme un présent du temps. L'accompagner sur son chemin est un plaisir du destin pour ne pas oublier les siens.

La vie l'anime éternellement, ses sillons tels des moias ... des preuves de son existence.

Un grand merci ... à toi ... homme droit ... architecte du grand temple.

Alexandre Pouillot

L'amitié ne souffre pas d'oublie, comme le soleil,
offre tous les matins, sa lumière et sa chaleur.

Les valeurs, sont celles que l'homme s'est dotées
au fil du temps pour vivre en société,
les perdre où les oublier
c'est creuser son terrier.

Hiram

La Golden du matin

La pomme du matin
Est un petit festin

Je goûte cet instant
Avec l'amour du moment.

Je regarde ce fruit
Mystique enfoui

Dans la mémoire
De son histoire

Religieuse, mystique,
Ou scientifique,

La pomme à l'origine
De nos racines.

Adam et Eve pour le paradis
Jusqu'à la table de Thébis

Avec Newton
Pour la gravitation

En Asie, superstition
Et charme en maison

Guillaume Tell et l'enfant
Conte pour grand enfant

Blanche-Neige
Et la sorcière sacrilège.

Consommée
Sans restriction en maisonnée

Je médite sur ce fruit
Venu de la nuit

Des temps
Pour un simple instant

De bonheur
Le matin, dans mon cœur.

La pomme du matin
Plus qu'un festin

Est l'amie du matin
A qui je dis à demain.

De l'ennuie au rêve

Je m'ennuie
Et je rêve
Seul dans la vie.
La nuit,
Le rêve
Est devenu un ami.

Je m'ennuie
Et je rêve
Au temps
Qu'aurait pu être
Ma vie
De rêve, sans
Ennuis.

Je m'ennuie
Et je rêve
Aux belles heures
De la vie
Où je rêvais
La vie.
Depuis, je vis
Dans l'ennui.

L'ennui
M'étouffe
Quand l'ennui
Est sans rêve.

Je rêve
Sans ennui
Quand au petit
Matin
Ma liberté
Se promène.

L'ennui
Est le jeu du jour.
Et le rêve,
Un jeu sans ennui.

Je rêve
Sans ennuis
Quand la muse
M'invite
A goûter
Au charme
De la poésie.

Je rêve
Avec douceur
Je m'ennuie
Avec aigreur

La nuit
Le rêve me dévore
Le jour
L'ennui m'adore.

De l'ennui
Au rêve,
J'orne
Mes jours.
Et les nuits
De gerbes florissantes
En pensées

Je vis
De l'ennui
Comme l'ermite
Parcourt
Son chemin de vie,
Et le rêve, comme
Armure
A l'ennui.

Né, sous la vierge

Pas facile d'être soi
D'écrire sur soi
En toute bonne foi
Avec les mots de soi
De vous à moi,
Simplement vous dire
Avec un peu de sourire,

Né le jour de la vierge
Droit comme un cierge
Enfant bien sage
Naïf, fort sauvage.

Alerte, attentif, timide,
Rapide, avide, lucide
De vie solitaire, organisé
Spontané, indiscipliné,
Non agressif, épanoui.
J'ai presque tout dit
De mon enfance
De ma vie d'errance.

De tout nerveux, curieux,
Tant soi peu orgueilleux,
Généreux d'intuition
Sensible plus que de raison
En océan de passion.
D'esprit agréable
En relation affable.

Dernière cérémonie
Au soir d'une vie,
En mémoire de soi
Ne sachant pourquoi
Vous tous, prés de moi
Me donnez cette joie.

Que de chemin parcouru
En cours et rues
A me mettre tout nu.

Les lauriers de l'enclos

J'ai devant ma fenêtre
Quelques modestes lauriers,
Grimpants en guerrier
A l'assaut de lumière.

O ! Douce image
Que donne leur ouvrage
A mon âge,
Sans soucis, ni outrage,

Laisse dans mon cœur
Une fraîcheur colorée
De plaisir, et de douceur
Les matins de rosée.

J'aime ces verts lauriers
Aux fleurs multicolores
Qui du printemps à l'été
Roses, blanches, colorent

Le petit mur d'enceinte
De l'enclos.
C'est la vie non feinte,
Et mon jardin de repos.

Pensée subite

Il m'arrive parfois
Des idées
Que je ne puis refréner,
Me reprocher,
Elles viennent à la foi
Tant du monde extérieur
Que de mon intérieur.

Voilà un plaisir d'écrire
Et pour vous, de lire
Les mots de ma fête.
Sans far ni trompette.

Alors mon âme
Bouillonne, s'enflamme
De mots discrets,
Sans secrets
Donnent vie,
A mon cœur
Pour un instant
De bonheur.
Un court instant
De douce chaleur.

Il est difficile
D'associer les actes
Matériels de la vie
Avec la pensée facile,
Ce sont là, des pactes

Que la vie
N'accorde qu'en souffrance
Voir en errance.

Hélas ! J'en ai connu
Des pensées subites
Aux effets continus
Même néfastes
Etranges, insolites
Dont l'acte se voulait faste
Protecteur, plus généreux
Que vaniteux
Bien loin de ma pensée.
Ces idées.

Dont le principal objet,
Voulu sans rejet
N'a été que celui
De communiquer l'expérience
Epanouie
Acquise de la connaissance
Par les autres
Suite logique de la permanence
Pour l'autre.

Mais, les choses étant
Ce qu'elles sont,
Les mots de la pensée subite ne sont
Perçus que doucement.

Echappée aux bois

Un jour de matin
Calme, j'allais
Marcher sur le vieux chemin,
Le soleil avait
Du mal à s'éveiller,
Je prenais
Le temps de m'asseoir
Sur le banc de bois
Au milieu des bois.

Je ne songeais
A plus rien, je libérais
Mon esprit
Des vieux soucis
A reprendre espoir.

Je fermais
Les yeux, mon âme divaguait
Je me consacrais
Aux petits bruits
De la forêt
Je laissais aller ma pensée
Au gré
Du temps passé.

La brise frôlait
Mes joues, jouait
Avec les hautes
Herbes fleuries,
Les fleurs sauvages,
Et les nymphéas jolis
Du lac éparts, de-ci de-là.
Je sursaute

Un passereau
Venu troubler,
Non pas le silence
Du bois mouillé,
Mais ma présence.
Isolée
Au milieu des bouleaux

J'observais
Son vol
Parti du sol
De branche en branche
Picorer sans gène
Sur le vieux chêne
Jusqu'aux plus hautes branches
Disparues
Dans le feuillage touffu

Instant féerique,
Magique.
Troublé brusquement
Par un lointain aboiement.

De ce petit moment,
Complètement
Si rare de solitude,
Dans mes habitudes
Donnait à mon esprit,
L'exquis
Instant de cette échappée

Rien de meilleur
Qu'un peu de bonheur
Sur un banc de bois
Au milieu des bois.

Mensonge et menteur

Le mensonge
Comme l'ombre
A la moindre lumière
Disparaît en songe
De misère.

Il est le silence
De la vérité,
Sans aisance
Pour une âme blessée.

Il est souffrance,
Peine de cœur,
Sans résonance
Sombre de peur.

Devant la vérité
S'écroule d'illusions
Et sans sincérité
Fond, comme or en fusion.

Le menteur enfermé
Dans son mensonge
Ne connaît plus la vérité
Son âme le ronge.

Jusqu'à ne plus exprimer
Que des mots perdus
Comment alors sublimer
Une parole dépourvue.

De vérité oubliée
Sachant en lui même
Qu'un jour, la vérité
Et sa peine, sera la même.

Saint-Malo ! Ville close

Je me souviens de toi
Avec chateaubriand
Au milieu des flots.
Ceinturée de murailles.
Dans tes entrailles
Les corsaires du roi
Te protège encor
Surcouf, Duguay-Trouin
Et d'autres encor
Tous malouins.

Quelle tempête, ce jour
Là, la tombe de François-René
N'était qu'écume de dentelles
Embrumées
De milles étincelles
Dont l'écume venait lécher
Les murailles crénelées.

Saint-Malo Ville close
Comme Concarneau
Carcassonne, le Mont st Michel
Et autres, ont tant de choses
A délivrer de leur passé
Qu'elles sont ceinturées
Emmurées dans leurs remparts
Comme pour mieux conservé
Leurs merveilleux passés

O ! Tombe des souvenirs
Où dorment nos voyages
Heures du temps passé
Et de mon cœur blessé

Je ne viens point ici jeter
Des regrets inutiles
Mais un écho tranquille
Sur cette magnifique Bretagne
De Saint-Malo à Cancale
La nostalgie me gagne
De ce souvenir immobile.
De cette beauté
Que mes yeux ont contemplé.

Le chant des gisants

Aux temps des solitudes
Dans ce nouveau monde,
Où les réelles certitudes
Sont des erreurs profondes

Jusqu'au bord de la tombe
L'homme, au corps tremblant,
Du plus loin des catacombes
Lui parvient le douloureux chant
Des gisants hurlant leurs vieilles
Querelles, aux frères arrivants.

Dans la nuit du tombeau,
Où le ciel n'est que marbre,
Les solitudes ne sont qu'habitudes
Les certitudes vont au ruisseau.
Là, où tout est silence de marbre
Les erreurs s'évanouissent.
Dans la nuit, où pourrissent
Les chairs en toute justice.
Le chant des morts est parole
Sourde et douleur qui affole
Aux accents des vérités cruelles,

Du profond de la terre, veille
Plaintes et douleurs des âmes
Sans flamme, ni larmes,
Sans certitudes nouvelles,

Seul les gisants entonnent
Au clairon de la nuit la chanson
Des certitudes dans la solitude
Du tombeau, d'où ne résonne
Que des bruits sans raison.

Que vous ayez été roi ou prince,
Ici bas avec amour, au tombeau,
Votre gisant de roi ou de prince
Gémit avec le chant du corbeau.

Quand l'or paralyse

Quand l'or paralyse
On s'immobilise
Obligatoirement, une bêtise !
Certain me le dise.

J'avais une activité
A faire pâmer
Jusqu'au jour d'une année

Où le sort m'a chaviré
Etiolé, bloqué
Sur un sofa déchiré

Mais, que fais tu alité
Ainsi couché
Toute la journée !

Hélas ! Vous saurez
Que sans or, rien n'est doré
Et le cœur déchiré

Je me suis allongé,
Vous ayant réservé
Toute mon activité

Sort, va promener
Dans la campagne ensoleillée
Ton univers est plombé !

La campagne ensoleillée
Ici, est goudronnée
Ce n'est pas un paradis parfumé

Les hirondelles ont oublié
D'y nicher
Et les pinsons d'y chanter.

Il n'y a rien a regretté,
Un poète est né
De s'être clôturé

Dans le noir j'ai pensé
A utiliser
Ma vie obligée

Cloîtrée
Puisque c'est ma destinée
En ce lieu inhumanisé.

L'absence d'or en cité
Oblige à accepter
D'autres voluptés.

La pensée fortifiée
Forge les rêves en nuitées
En fertile mobilité

D'esprit, libéré
Des agressivités
De notre chère société.

Vous y voyez de l'absurdité,
Moi, de la liberté
Et de l'amour cristallisé

Ecrit, sans austérité
Mêlé certes de naïveté.
D'une âme chagrinée.

Perdue, et retrouvée
Dans un paysage étoilé
D'or, non paralysé.

Femme et vie

La vie est une femme
La plus belle de toutes
Les femmes.

J'ajoute
Celle de nos rêves
Quand nos cœurs en déroute

Eprouve
Une grande solitude,
J'imagine alors nos brèves

Instants d'habitudes
A jouir de la vie
Dans nos certitudes.

C'est une porte si jolie
A ouvrir
Où le plaisir de nos envies

Est à chérir,
A cet instant d'importance
Venu nous envahir.

Femme ! Votre élégance
Est la richesse
D'une vie d'aisance

Comme est la délicatesse
En moi
A vous aimer en finesse.

Vous, comme moi
Sachons lire sur nos lèvres
La vie de nos émois

La vie, si brève,
Vivons nos désirs d'amour
Dans tous nos rêves.

Femme pour toujours
Vous êtes la vie
Je vous aime d'amour.

Une âme triste

Au soir d'une vie
On a des envies
Qui vous envahissent
Et finissent
Parfois de vous dire
Ce que l'on a su vivre
Ou oublier de le dire.

Marié deux fois
Divorcé une foi
Quitté une seconde foi
Je n'ai pas su ma foi
Me faire aimer
Que me faire quitter.

La fille aînée
S'est fâchée avec moi.
La cadette me ment,
Certes affectueusement.
Le garçon, a pour moi
Un verbe muet
En une indifférence marquée.

J'ai perdu des amis
Aussi.
J'ai joué avec la vérité
Comme avec une amie.
L'amour et l'amitié
Si difficile à se rencontrer
Pourquoi pourquoi ?

Ne jetez pas mon âme
Aux orties
Comme un vieil habit
Elle n'a pas su se vendre
Sachez prendre
Maintenant cette main
Enfin.

Je ne le saurais jamais
Ce que je sais
C'est que l'on est soi-même
Inconsciemment responsable
De nos échecs
D'une vie instable
Dans un environnement
Où le temps
Ne fait que se modifier
Pour se terminer
En faillite
Dont le cœur palpite
De ces échecs.

J'en mesure constamment
Les différences
Entre apparences
Extérieures
Et intérieures
Se vivant, jour après jour
Pouvant
Tuer amitiés et amour.

O âme triste, tu inondes
Mon cœur de tristesse
Comme l'onde féconde
Coule des paupières.
Sans cesse
Alors, dans la tombe
A l'ombre
Nécessairement obligatoire,
Projettera sur le mur sombre,
L'éternité de sa mémoire.

Le violon de l'amour
(ou chant du Stradivarius)

Pour l'homme,

La femme, est un Stradivarius, dont il joue avec les cordes pour faire vibrer l'harmonie.

Pour la femme,

L'homme, est sa résonance dont elle aime sentir la mélodie.

Le couple, artiste de l'amour (au sens large) dont chacun joue avec le charme du temps.

Femme ! Ecoute le violon
Qui joue le temps
De l'amour au saisons.

Homme ! Gratte le temps
Aux cordes du violon,
Pour la femme de tes ans

Ensemble, sachons
Marier l'espace temps
De l'amour, en maison.

Cavaliers de l'amour

Un, servant
L'autre, routant

Le servant,
Dit la « boule »
Roule
Pour la jolie fille
Fait les yeux doux
A en perdre la boule
Elle !
En raffole tout doux.

A Nîmes
Dans la foule
Les taureaux
Dans la rue
Sont lâchés
Ils ont chargés
Boules et filles,
Dans la file
Comme fait
La charrue
Dans le sillon
L'été, avant moisson.
Tête en bille
Le routant

Préférant
Sa moto
Aux taureaux
Si timide
Qu'il en est humide
De sueur, en oublie
D'être rapide.

Sur la moto
Fier comme Artaban,
Beau cavalier
Et amant
Roule en campagne
Dit non, au champagne
Pour chercher une raison
D'oublier

Pendant que l'un
Promène à moto
L'autre croule au dodo

Deux cavaliers
Altiers
Promènent
Leur petite reine.

La morale de l'histoire,
Quand la foire
Est en maison
On y perd la raison.

Interrogations

Je n'ai su que faire,
Je n'ai su que braire,
Je n'ai pas su me taire.

Aux heures du bilan
Déplier le plan
D'une vie en avant

C'est tout dire
Même le pire
En langue de délire

En apparence
Sans transparence
D'une vie de défense

La lutte du jappeur
En combat extérieur
Pour étouffer la peur.

Oui j'ai été fidèle
Jamais rebelle
L'amour en dentelle

N'a jamais été pour moi
Une religion de foi
Ni un choix.

Souvent irrité
Parfois déstabilisé
Jamais dépité

Toujours organisé
J'ai aimé
Ma liberté

J'ai refoulé ma violence
Dans une carapace
D'un grand silence

En lutte intérieure
Des la première heure
De ma vie mineure

L'âme trop fragile
Pour des combats agile
En lutte fertile

D'un esprit laïque
Au goût du risque
Avec l'âme épique

J'ai eu de l'orgueil
Donné en clin d'œil
Dans certain accueil

Avoir eu du courage
Sans être sage
A manqué, à ma rage

Avec peu de finesse
Une vie d'allégresse
Mené jusqu'à la vieillesse

Au-delà de la mesure
Même en démesure
Je vous l'assure,

L'argent
N'a jamais été prenant
Dans ma vie d'avant

Comme l'économie
N'a pas connu mes envies
Toute ma vie

Je n'ai su que perdre,
Ma misère
Est mon presbytère.

La vie n'est faite que de soi
Que pour soi
Et quelque soi

Notre destinée
Bien organisée
En nos gènes normalisés.

Nous en avons les effets
En petits bouquets
De feu follet.

Un enfant sur la plage

Un enfant sur la plage
Creusait le sable brûlant
Tant il était sage
Je l'ai interrogé affectueusement.

Que fais tu là, à creuser
Si profondément
La mer, revient combler
Abondamment !

Il me faisait
Songer à l'enfant
De la bible, j'attendais
Sereinement

Sa réponse, tant
Elle me semblait
Evidemment
Logique, mais

J'avais anticipé,
Elle ne correspondait
En rien à ce que j'avais
Imaginé.

Je creuse le sable
Dit-il, pour planter des fleurs
N'est ce pas agréable
Pour les baigneurs,

Surpris, interloqué
Je pensais à un petit lac
C'était pour des « pensées »
Arrosées par le ressac.

J'ai médité,
Sur ce désir
De l'enfant, et son idée
De fleurir

Une plage de la méditerranée
Aucun enfant
Ne m'avait jamais évoqué
Cet engouement.

Quelle annonce !
Tout une philosophie
Restée sans réponse
Pour fleurir la vie.

L'âme de l'enfant
Manquait elle de couleur ?
Son cœur était il souffrant
D'amour ou de bonheur ?

Je m'en suis allé
Doucement, doucement
Méditer
Cet avertissement

Je n'oublierai jamais
Les beaux yeux de l'enfant
Satisfait
De son effet percutant.

Offrande

Recevez de ma main
Ce bouquet de fleurs
Et la flamme du cœur
Avant qu'elle ne fane demain.

Le temps s'en va madame,
Si vite, ensemble nous irons,
Où hier, nous allions
En amitié, sous le charme

Comme autrefois avec
Vos seize ans d'antan
Et moi tout rougissant
Sans puéril salamalec

Vous offrir mon cœur
En souvenir du temps
Meilleur, qui maintenant
Rapproche nos pleurs.

Le rêve, miroir de la vie

A l'hiver de la vie
Le souvenir revit
En longues nuits,
Où l'âme s'enfuie
Quand la lune luit.

Miroir des soirs
Evaporés dans le noir.
Des temps anciens
Le passé revient
Sans cesse au quotidien.
Revivre les jours
D'antan. O ! rêves
Sans repos, ni trêves.

Je remonte la vie
Jusqu'au petit matin,
Pleure de chagrins,
Ris des images subites
Que mon âme habite
De passions
Venues du grand horizon.

Alors que l'aube luit
Le rêve s'enfuit.
Au clair du jour
Comme tous les jours
Ce soir, un autre rêve
Une autre nuit de rêve.

Pensées de CLXIII à CLXIX

Pensée CLXIII

Quand la foire est en maison, le couple y perd sa raison.

Pensée CLXIV

C'est dans le dénuement que les petites choses grandissent.

Pensée CLXV

Le génie des banques :
Est d'accepter votre argent et de vous le rendre à 14% .

Pensée CLVI

L'ennuie ! Jeu du jour, le rêve ! Jeu sans ennuis.

Pensée CLXVII

La violence ? Fille de la provocation.

Pensée CLXVIII

Celui qui sait changer, est toujours sans ennui.

Pensée CLXIX

Si tu veux ta tranquillité, vis sale ... les propres fuient.

A nos âmes séparées

Je suis triste
A penser à nos
Ames séparées,
La nuit m'attriste
Songeant à nos
Si beaux étés.
O ! Nuit sans flambeau
Mon cœur fait encor
Tambour au tombeau
Et dans mon corps.

Nous y serons
Un jour nous même
A écouter au fond
De l'absence
Ce qui nous gène,
Ecouter en silence
Nous dire, en présence,
De la mémoire qui garde
En elle, le souvenir
De la lumière blafarde.
Aux âmes séparées
Des corps oubliés
Comme mots à lire
Sur le marbre, le pire
Des mots à pleurer,
Souvenir, souvenir.

Pleure, âme de misère
Sur nos cœurs séparées,
Le temps est arrêté
Au silence de la terre.

Sentir venir le vide

Je sens venir le vide
Dans mon esprit
Je n'ai plus la rapide
Pensée, j'écris
Plus lentement
Qu'auparavant
Et pourtant
Mon âme a souvent
Le désir de l'instant
A donner ce temps
Merveilleux, séant.
Où la poésie reprend
Comme avant…

Comme un grand vide
Les mots ont moins
De chose a dire d'avide
Comme presque plus rien.
Et pourtant la vie
Continue sans larmes
Et d'envie
Sans vacarme.

C'est une dualité
Entre vide et réalité
J'ai écrit sur la vie
J'ai écrit sur l'amour

J'ai écrit sur le désir
J'ai écrit sur le bonheur
Un florilège de la vie
Le cœur tambour
L'âme légère
Plus rien n'est pareil
Sous mon soleil.

Hoàng

L'enfant est né
Fruit de l'amour
Et de l'orient
La joie, éclaire
Les yeux de la mère,
Et de bonheur
Le cœur
Du père
Une famille est née.

Avec lui
Tous, au pied du lit
Prédisent à l'avenir
De l'enfant du désir,
Au sourire si doux
Déjà un signe de l'orient
Pour sa maman.
Qu'il nommera un jour
D'affection et d'amour
Toi ma jolie bambou.

Un jour
Je chanterai
J'écrirais
Pour vous
Et par amour.
Je suis fils d'orient
Et d'occident

Mon cœur en occident
Mon âme en orient
Je suis jaune
Je suis blanc
Je me nomme
Hoàng Boudon-Nguyen
Et vietnamien
Qu'on me pardonne
Je vous aime.

Vœux de l'an 2007

Quand l'amitié est durable,
J'ai grand plaisir
A venir à cette table,
Vous dire combien
Je suis heureux
De ce chemin
Parcouru
Tout au long
De cette année vécue,
Inscrite au panthéon
De l'amitié.
Pour tout le temps.
Des temps.

Malherbe dit:
«..Et rose, elle a vécu
Ce que vivent les roses
L'espace d'un matin..»

Le poète ajoute:
Et rose,
Dans nos cœurs.
Tu apportes
Joie, bonheur,
Amitié
Jusqu'à nos portes

Elle est ici
Ma poignée de main,
Recevez là amie,
En symbole
De ma sincérité
Sans faribole.

De nos peurs

La peur !
Source de nos maux
Dirige nos vies
Fait trembler nos envies
Jusqu'au chaos

De nos idées sublimes
Qui dans la nuit, s'abîme
Aux regrets de nos nuits
Quand l'âme s'enfuit.

Détruit nos élans
Dans le mouvement,
Comme dans la tête
Plus jamais la fête

Dans nos cœurs
Elle engendre la terreur.
A se glisser sans bruit
Dans nos jours et nos nuits.

S'incruste dans nos âmes
Comme dans nos cœurs
Avec grande douleur

La peur de la vie
Souffrance des envies
La peur des hommes
Forme et déforme

La peur d'injustice
N'est pas un caprice
Une vraie vérité
Constatée

La peur de l'amour
Pour le perdre pour toujours

La peur ! En vérité
A constamment
Habité ma pensée
Et pourtant
Il suffisait d'un geste
D'un mot
Pour qu'il n'en reste
Rien, ou plutôt
Un seul sourire
Pour que mon cœur chavire.
Sans peur
Mais de bonheur.

Rêves et Espoirs,

Rêver sa vie
Lui donner
Un sens jamais égalé
Où la vie aurait été
Belle à aimer.

En ce jour de printemps
Mon cœur a les sanglots
De la souffrance de ses idéaux
Et clopin-clopant
Tressaille
Sans que vaille.
L'espérance
D'une nouvelle aisance.

L'espoir ! Lumière
D'espérance
En nous, attachée
A des jours, nés
Sans solitude
Ni habitude
Sans faux espoirs.

Que serions nous
Sans l'espoir fous
Venus au secours
De nos rêves en cours !
L'espoir ! Décide
De nos vies avides

D'un grand bonheur
Dans nos cœurs
Non, aux temps sombres
Des épreuves d'ombres.
Mais des jours
Et des jours, pour toujours.

Rêves, et espoirs,
Sont des étapes
De bonheurs ou de douleurs
Selon nos états d'âmes
Aux heures délicates
Qui enflamme
Le temps de vie
Sans que nous le voulions.

Les rêves de nos nuits
Les espoirs dans nos maisons
Font parti de la vie.
Sonnant à notre porte
Le jour de notre naissance
Aux âmes fortes
Les supportés, sans méfiances.

Trois piliers de vie

Le commencement
De tout être vivant,
Comme de toutes choses durant
Le cours d'une vie, passe obligatoirement
Par les trois piliers suivants.

La jeunesse et sa richesse.
L'adulte le grandiloquent culte.
Les « vieux » l'expérience acquise.

Analysons ces trois moments
Dans le temps
Pour les hommes, en commençant

Par la prime jeunesse
Faite de tendresses,
De douces caresses
Où le cœur donne ses largesses.

Puis les impolitesses
Arrivent en vitesse
Je le confesse
Pour avoir subit ces hardiesses.
Le cœur se blesse
Quand ces années apparaissent
En maladresses.

L'adolescente jeunesse
Attends des promesses
Une vaine richesse
Alors s'insurge sans politesse
Puis la vie progresse.

Arrive alors l'âge adulte
L'âge culte
D'où désormais résulte
Un monde de certitudes.
Comme d'incertitudes

L'homme crée, détruit, insulte
La vie, en multitudes
D'erreurs occultes
En immense tumulte.
Avance, recule
Sans aucun scrupule
Se congratule
Puis capitule
Aussi vite qu'il éjacule
Ses mots ridicules
En langue de formule.

Ainsi il exulte
Une vie, où circule
Les années adultes
Jusqu'à la bascule
De la vieillesse au vestibule.

La vieillesse a construit
La vie avec ses fruits
Que la jeunesse détruit

Avec moult bruits.
Que l'adulte reconstruit.
Produisant d'autres fruits.
Oubliant les appuis.

La jeunesse aujourd'hui
Semble être le fruit
D'un autre arbre, elle fuit,
Refuse, ce que jadis à luit.

L'adulte se souvient
Un peu tard, mais de loin
Que leurs aînés avaient besoin
Des expériences bien
Construites, de leurs anciens.

Quand les vieux
Aurons disparus de ces lieux
Ils regretteront le merveilleux
Du perdu pour eux.
Car les vieux
Ont été courageux
Des travailleurs industrieux
Plus silencieux.

Vous, les joyeux
Du monde fougueux
Du siècle merveilleux
Des techniques des cieux
Vous êtes nombreux
A oublier vos vieux.

Ils ont inventés
La base de vos techniques employées

L'automobile s'est sécurisée
Le Concorde a volé
La chirurgie a explosé
La science a progressé.
Sans vos anciens chahutés
Que seraient vos années ?

Demain,
Vous serez des anciens,
La jeunesse ne dure qu'un matin
D'être trop malin
Vous risquez du chagrin.

Et moi j'aurais pris le train
Pour le voyage sans fin
Avec un regret certain
Celui d'avoir manqué un chemin.

Visage du temps

Temps des cabrioles
Temps des fariboles
Temps qui s'envole.

Les cabrioles, sont
La jeunesse
Des temps d'allégresses,
Et de nos abandons

En douces fariboles,
Folles raisons,
Comme nous les aimions
En maison, ou carriole.

Le temps défile, s'envole
Au souffle du vent,
Mouvement du temps
Des folles farandoles.

Le visage du temps
Modifie nos comportements
Aux grès des événements
Simplement et sûrement.

La marche du temps
Modifie tous visages
Héritage sans ambages,
De tous changements.

Le temps donne au visage
Le vivant de l'éternité
Rythmé aux fil des années
De la vie de nos âges.

Mon doute

Le doute m'étreint
Il est ce frein
Qui m'envahit
Alors que la fièvre
Me nourrit
De ce doute
Goûte à goûte.

La peur au ventre
Naît, entre
Dans mon âme
Comme une flamme
Brûlante, hurlante
Angoisse déchirante.

Défiante de confiance
Une méfiance
Se mêle
Comme jumelle
En moi, en doute
Comme je redoute
Cette expérience

Douleur fragile
Fugitive et inutile.
Hélas toujours présente
Frêle jamais absente.
Lors d'une décision
D'opération.

Portrait à Prunelle

Prunelle
Un prénom qui
Sonne bien à l'oreille.
Précieuse
Comme la prunelle
De nos yeux
C'est notre fille si
Gentille, si radieuse.

Dans ses yeux noirs
Mille étincelles
Où brille générosité
Et amitié
Comme mille étoiles
Dans le ciel du soir,
Tout en elle
Déborde sans complexité.

Prénom, oh combien
Féminin
Fille de la méditerranée
Chaude comme le soleil
Qui l'habite
L'amour l'embrase
Jusqu'à l'extase.
Sans mystère
A fait le choix de géants
Jamais des brigands

Des taureaux à mettre parterre.
Quand gronde
La foudre, et l'inonde.

Joséphine Baker
Disait, J'ai deux amours
Mon pays et Paris
Prunelle, à trois amours
Cadeaux, or et argent
Cadeaux, en or
Quant à l'argent, lui
Brûle les doigts, comme fuit
Le temps et pis encor.

Sagittaire
En maison
Avec art de bien faire
Image même
De son signe
Jamais gamine
Toujours digne
O combien on l'aime
Ici fini la péroraison.

Portrait à Clément

Clément était
Un enfant
Des plus doux
Comme tous les parents
Voudrait
En avoir beaucoup.

Déjà sportif dans son corps
Comme dans sa tête
A trois ans
Sur une bicyclette
A quatre ans
Sur des patins
En suite sur tapis vert
Jamais blaser
Puis sur tatami
Judo, boxe, karaté,
Du lundi au samedi
D'année en année
Son art s'affermait

Nous passions
D'intenses moments
De bonheur
Main dans la main
Sans chagrin.
Nos cœurs
Etaient à l'unisson

La vie toute de douceur
Suivant son cours
Chargé d'amour.

Le sportif grandit,
Fier d'aller en salle
Avec lui,
Pour qu'un jour
Reste ce souvenir
Dans le cœur pour toujours.
Et en lui.

Ce jour, de l'an six
Confirme sa volonté
Avec un diplôme d'état
Et un diplôme d'études
Supérieures, le DESS
Sans aucun stress.
Son sport est en route
Sans nul doute
J'applaudis.

Le sport, change l'homme
L'agressivité s'installe
La voix se durcit
Les rapports deviennent sévères,
Distants, comme
A la compétitions.
Où est le temps de la salle
Des retours en maison
L'âme légère.

Mutisme et silence
Se sont installés
Le discours s'est tu
Fils ! Où est tu ?
Mon cœur déchiré
Souffre d'absence.
De dialogue suivi,
Au désir de la vie.

Taureau
De force tranquille
Au cœur chaud
Mais de verbe fertile
Voir facile.

La vie se consume
Sans amertume
Emportant au vent mauvais
Quelques regrets
Bien discrets.
Au gré du temps qui passe
Et qui lasse
Avec ses effets.

Comme Sisyphe, j'ai monté
Remonté mots, élans, amitiés
Sans cesse retombés
Sans relâche
Sans que je sache
Pourquoi, l'indifférence
Habite le silence ?

Pensées de CLXX à CLXXVII

Pensée CLXX

Les deux immuables impératifs de l'homme.

Le sexe pour le plaisir et sa reproduction.
L'argent pour fortifier sa vie.

Entre les deux, qu'épisodes ou péripéties.

Pensée CLXXI

L'amour ne survie jamais à l'argent.

Pensée CLXXII

Le doute…engendre la peur...

Pensée CLXXIII

Un % n'a de valeur que pour ce qu'il veut démontrer sauf la vérité.

Pensée CLXXIV

En cuisine, le client épouse les goûts du cuisinier

Pensée CLXXV

Les valeurs, sont celles que l'homme s'est dotées au fil du temps pour vivre en société, les perdre ou les oublier c'est creuser son terrier.

Pensée CLXXVI

On ne reconnaît la valeur de nos parents qu'après... non avant... car avant... sont « chiants » , après sont gâtés..

Pensée CLXXVII

L'homme, choisit la femme pour sa jouissance
La jeune femme, choisit l'homme, à sa performance
Plus tard, à sa consistance bancaire...

Dernier poker

J'ai écris
Sur la vie,
Ai-je tout dit ?

J'ai écris,
Avec flamme
Sur la femme,
Sur mes peurs
De la vie,

De mon cœur,
Sur les fleurs,
Sur le temps
De mon temps.

Sur l'amour
De tous les jours.

Aujourd'hui,
Je m'amuse,
J'use
Le dernier temps
De mes vieux ans,
A jouer
Au poker
Jour et nuit.

La vie
N'est elle pas
Aussi

Ce jeu de carte ?
Où l'on gagne
Parfois,
Où l'on perd
Aussi
Et souvent.
C'est le choix.
De l'instant.

Le couple ! La paire.
Deux paires !
La famille
Idéale, choix
Du roi.
Sans la ville.

Le brelan !
Le couple, et l'amant

La couleur !
Pique, la mort
Cœur, l'amour
Carreau, encor
Trèfle, pour l'or.

Le Full housse !
Mélange
De ce qui mousse
Change, et dérange.

Le carré !
Les quatre couleurs
Des choses

Du cœur
Que la vie propose
Dans l'ordre
Des valeurs.

La quinte flush !
Dernière « main »
Simple ou royale
Chemin
De la victoire
Et sa gloire
Finale.

Quelque soit
L'espérance
Du gain,
La vie, est une
Main de poker,
Une chance
Avec ou sans tune
Où le lendemain
Comme, la « main »
Est incertain.

A ce jeu
J'excelle heureux
Dans l'attente
Charmante
De la dernière main
Comme hier,
Celle d'un soir d'hiver….

Matinée d'hiver

Je me lève
Il fait beau,
Chaud.
Les yeux
Mis clos
Le nez
Contre la vitre
Mon âme
S'évade
Je ne ais où.

Je laisse aller
Mon esprit
Au grès du vent
Qui balance
Feuillage
Et fleurs
De saison.

Douceur
De la lumière
Du jour,
Dans mon cœur
Je ne sais
Pourquoi
Cette lueur
D'une journée
D'hiver
Met en moi

La spontanéité
Euphorique,
Ivresse
Mystique.
Angoisse du temps
Qui fuit.
Au gré du vent
Féerie
Magnifique
Beauté
Du moment.

D'avant et d'après

J'ai connu
Les temps
Des temps merveilleux
Ces temps heureux
Généreux
Des vraies saisons
Aux belles chansons.
Au tant
Qu'il m'en souvienne
Le chant des oiseaux
Dans les roseaux
Au bord des ruisseaux.
Les hirondelles
Du printemps
Le temps des belles
Journées
De l'hiver à l'été
Du temps passé.

J'ai vécu
Ces temps
Merveilleux
Où la vie avait ce charme
Tranquille
Sans arme
Du temps qui file
Au grès du temps
Sans mouvement
Ni tourments.
J'ai vu vivre

Des hommes heureux
Libre
Dans ce milieu
Où la vie
Respirait la liberté
Sans ombre cachée

C'était
Le temps des douceurs
Du temps d'aimer
Sans peur
Des vies respectées,
Des caresses données,
Partagées
Dans la paix des âmes
Avec flamme,
Sans haine
Ni chaîne.

D'avant, à l'après,
Il y a maintenant
A vivre
L'instant
Donné de la vie
Avec, ou sans soucis
Qui ne détruit jamais
L'avant du temps
Vécu.

Aujourd'hui
Le temps chante
Une vie plus méchante
Autrement motivante.

L'univers change
La nature,
A une autre vie,
Un nouveau visage
Dans un mélange
D'avant et d'après,
Où l'homme
S'y conforme
D'habitude
Dans sa solitude
Peu dorée.

Sans amertume
Ni fortune
Dans ce monde
Etrange
Je change
Mon mode de vie
Je ne renie
Pas l'avant disparu
Pour l'après connu
Au temps du temps

A vivre
Un délire
De connaissance
D'un autre monde
Reconnaissance
D'un univers étrange.

L'avant, m'a donné
L'expérience
D'une simple vie

Dans un univers
Où le soleil
Etait notre seule énergie

L'après, m'apprend
Un nouveau présent,
Une nouvelle énergie
Un nouveau soleil
Iter, cet inconnu
Pour un temps…
Chez moi.

Demain
Un long voyage
Vers Mars
Nouvel inconnu…
Dans le temps du temps
Pour moi.
Et pour l'homme en éveil
D'une nouvelle vie.

L'avant ! Connu,
Devenu,
Un bon souvenir

L'après ! Inconnu
Tout nu
Comme un bel avenir
L'un eut ses rires
L'autre voudra sourire.
Face à l'éternité
Du temps de l'après.

Mon seul dieu, le soleil

Je vis
Par le soleil,
Il est mon sommeil
Il fuit
La nuit,
Pour régénérer
Ma vie.

Il est ma vie
Jour, et nuit
Le seul dieu
Fabuleux
Des hommes
En somme.

De tous les temps
Il donne
Sa clarté
Sa chaleur
Sa lumière
Sans jamais
Mentir
Ni se départir
Comme le dieu
Religieux

Il est mon seul dieu
Ne bénit
Personne

Sans espérance,
Il tient sa vie
De l'univers
L'enfer !
Est en lui seul.

Le paradis !
Sur terre
Organisé
Depuis lui
Pendant des siècles
Non, depuis Jésus
Le dieu crésus,
Des religieux.
Mon dieu
Est le seul soleil.

Les hommes du passé
Savaient
Reconnaître
La force qu'il donnait
A la vie
Ils n'avaient
Pas besoin d'autres
Dieux, il fut Ra,
Et bien d'autres.
Zeus, Jupiter,
La force des cieux
Sans besoins
Mercantiles.

Les religions
Sont nées
Fertiles
Comme l'on sait
Mon seul dieu
Est mon soleil.
Offre
Aux planètes
Tous les jours
Ses rayons
De vérités.

Je hais
Le dieu des hommes
Fasse que mes héritiers
Spirituels
Me protège
Du goupillon
Scélérat.
Mon seul dieu, le soleil.
Vrai dieu
De l'humanité,
De la vie.

Rejetons
Les religions
Des salons
Fauteuses
De guerres
Faucheuses
De vie.

Noël 2006

Joyeuses fête de fin d'année
Noël ou Saint Nicolas
C'est la fête des aînés
Comme celle des enfants
Ici ou là bas.

Croyants
Ou mécréants
En ces temps
Difficiles de nos ans,
Fêtons simplement,
Nos chers enfants.
Et nos parents.

Partageons
Le meilleur,
Et ensemble le pain
De l'amitié,
Unissons
Nos mains
Aujourd'hui et demain
Pour une humanité
Meilleure et plus éclairée
Dans nos cœurs.

Je voudrais
Tant croire à l'appétence
Des espérances,
Des hommes de la terre,
A la fin de leurs guerres.

Je voudrais
Tant croire
En une tolérance
En ce début de siècle,
Pour les siècles des siècles.

Je voudrais
Tant croire au Dieu fou
Des hommes
Comme, comme vous.

En ce temps de Noël
Je crois à mon soleil
Seul Dieu
Créateur à mes yeux.

Les rides du temps

Dans l'ombre
D'un soir
Sombre
J'étais
Silencieux
Et heureux,
Je regardais
Les rides
De mes mains,
Candide
Je songeais
A ce temps,
O ! Il y a bien longtemps
On me disait,
Elles sont si belles !

Que serait
La pensée sans les mains,
Que serait
La poésie,
Que serait
L'amour.
Elles ont un jour
Rencontré l'amour.

Aujourd'hui,
Que le temps fuit,
Regardant
Les rides

De mes mains
Je me souviens
Du vide
Qu'est le mien
En cet instant.

Je me dis,
Elles sont
Encor si
Belles
En songeant
Ce qu'elles
Rappellent
D'histoire
A ma mémoire
Dans l'ombre
Du soir
Sombre
Finissant.

Miroir
Du temps
Qui passe,
Jamais ne lasse,
Ni ne tue le temps.
Les rides
De mes mains,
Fidèles
A l'amour
D'un jour
Encore
Si belles,
Evoque ce temps

Inondant
De chaleurs
Les cœurs

Les rides !
Sillons
Du temps
Bourgeons
Des tendresses
Des ivresses.
Des caresses.
Les regardant,
Ainsi
Tendrement
Un soir de vie,
En dentelles
De rides,
Elles montrent
Comme la montre
Le temps
Qui reste,
Et pourtant
Encore si belle
Pour un petit moment.

Né d'une queue

Je suis né d'une queue
Partir de la queue
Comme un gueux
Est presque
Normal que
Je confesse, au risque
D'être quelque
Peu gâteux
Même honteux
Ayant été fougueux
Sans être rugueux.

Tous les êtres vivants
Y sont dépendant,
La vie en dépend
Inconsciemment
De-ci, de-la formicant
Répondant
Tout fringant
Aux élans chauffants
Sans être un éléphant.

Les hommes jouissent
De la vie lisse,
Grâce aux hospices
De leurs queues complices
Parfois la chaude-pisse
Rapetisse
Sans moins d'artifice
Pour le saint office.

Je suis né d'elle
Toujours fidèle
Comme vous, j'en rappelle
L'évidence mortelle
Que la queue, toute belle
Revit éternelle
En jouvencelle
Pour demoiselle
Dont la queue en girelle
Forge de nouvelles
Générations naturelles
Pour les temps passionnels
De la vie éternelle.

Oh ! Ma Terre

Oh ma terre
Tu meurs
Et j'ai peur,
Alors que faire
Pour toi ma terre.
Que faire
Pour revoir
Les hirondelles
Sur le fil le soir
L'eau claire
De nos rus
Que faire
Sans être nu

Oh ma terre
Tu meurs
Et j'ai peur
Alors que faire pour toi ?
Tout seul, moi,
Rien.
Mais tout ensemble
D'un petit rien
On te sauvera ma terre
Sans presque rien faire.
Simplement croire
Sans déboire
A la conscience
Des hommes de sciences
D'expériences
De bonne volonté

Inventer d'autres
Sciences
Pour te sauver
Ma terre.

Les fleurs reviendront.
Fleurir nos sentiers
Les oiseaux chanteront
Sur les églantiers
Les sources couleront
Plus claires, plus pures
Comme autrefois
Je vous le jure
De bonne fois.

Oh ma terre
Je voudrais
Ne plus avoir
Peur, je voudrais
Ne plus voir
Sur terre
Sa souffrance
Quand la nature
Se fâche
Sans relâche
Comme pour dire
Au pire,
Ne touchez
Pas à ma terre
Je veille à la faire
Respecter
La défendrai
Sans hésiter

Car, un peu
A moi comme
A vous, les hommes.
Soucieux
De votre terre.

Oh ma terre
Je t'aime
Comme
Mère
Nourricière
De ma vie sur terre.
Je t'aime
Pour ta beauté,
Ta générosité,
Je t'aime
Pour ce que tu incarnes
De joies, de bonheurs
Même de douleurs.

Je t'aime
Comme
Mon soleil dont tu es la fille
Tu roule comme
Une bille
A ses cotés
A l'envers,
Dans le silence
Immense
De l'univers.
Où à l'ombre des nuages
Se cache
La vie des hommes.

Ma colère

Les Enarques !
Maniaques
De la politique,
Détraquent
Nos économies,
Fumistes,
Tueurs,
Menteurs
De la société
Politiques,
Incompétence
Drastique.

Dans le silence
Des cabinets
De l'assemblée
Républicaine
Puritaine,
Règle, l'avenir
De nos intérêts.

Citoyens !
La « Royale »
Enarque
Est-elle moins
Drastique ?
A vous administrer
Le purgatif
Sans violence
Explicatif
De son contrat ?

Je ne sais pas encor,
Donne de la voix
Dandine du corps
Sur frêle gambette
La midinette
Sera-t-elle
Fidèle ?
Je ne sais pas encor.

Sarko
L'émigré
Non-énarque
S'embarque
Sur un cheval ailé
Pour l'investiture
Présidentielle
A construire
Par contrat
La France nouvelle,

S'engage à donner
Du bonheur
A tous les Français
Combat, rage, piétine,
Pour que la royale
S'étale
Sur son épine.

Les autres
Pingouins,
Dauphins
Des mers déchaînées
Dans le sillage
Des orages
Politiques

Croient au soleil
Des années de miels
Faisant des ébats
Le combat
Des cocus
De la république
Si pudique.
Sur leurs revenus.

Subitement
La foret
A raisonné
De l'appel
Des Eléphants
La déesse
Royale, en faiblesse
S'est rallié
A cet appel.

Le peuple lion
Ne rugit
Que seulement
En maison,
A l'écoute
Des rugissements
Des Eléphants
Redoute
La horde politique
Indisciplinées,
Lentement
Héroïque

Soulevant
La poussière
Sans hâter la marche,

Les grands patriarches
L'oreille au vent
Hume l'air de la victoire
Sur la dérisoire
Illusion
Du peuple
Délaissé
Par la déloyale
Royale,
Vont rêvés
Ensemble.

Le bruit de la
La forêt
A sonné
L'union
C'est le retour
Au désert
Sans horizon.

Les Eléphants !
Soit disant
Tes frères
Cultive ta misère,
Prudence mes frères
Ils trompent.

Demain dira,
Je ne sais pas
Encor
Si j'ai raison
Où tord…

Le cul sur la commode

Prendre le frais
Le cul sur la commode
On s'en accommode
Tout a fait

Prendre le frais
Le cul sur la commode,
Etait à la mode
Des anciens jours.
En songeant
Au jour
Où le temps
D'aller au frais
Le cul sur la commode
Quand il ne reste
Que ce geste
Pour un peu de fraîcheur,
La commode
Un vraie bonheur.

Prendre le frais
Sur la commode
Est une chanson
De ma jeunesse dont
Je n'avais
Que cette raison
Commode
De prendre le frais
Sans aller aux antipodes.

Ainsi
Sur la commode
Est un exode
Aussi
Inconfortable
Qu'avouable.

Pendre le frais, le cul
Sur la commode
Avec le recul
Du temps
Est une vielle chanson,
Une chanson
Du vieux temps.
Ah la belle

Epoque
Quand la chanson
De rue chantait,
Je prends le frais
Le Cul sur la commode

La chanson

Certains se collent des pagnes
L'été pour prendre des bains
D'autres vont à la montagne
Avec des tas d'bambins
Pour s'offrir des bains d'siège
D'autr'vont se faire blanchir
Le derrière dans la neige
Histoire de s'rafraîchir

Pour éviter les frais
Tout en suivant la mode
Chez moi je prends le frais
Le cul sur la commode
Pour éviter les frais
Tout en suivant la mode
Chez moi je prends le frais
Le cul sur la commode
Le cul sur la commo-o-de...

Un pot de souvenirs

Mes chers enfants, bonjour

La vie est parfois, pour certain, un long chemin construit au fils des années.

J'ai donné en textes séparés quelques émotions de ma vie que j'ai voulu regrouper ici sous la forme d'un « pot de fleurs « n'y voyez pas une œuvre littéraire cueillez quelques « fleurs » il y a des roses, des coquelicots, mais aussi des chardons, en merveilles de mots amusez vous.

Les souvenirs, sont des enchaînements d'événements arrivés dans une vie qu'ils soient doux , terribles, gaies, ou tristes ils construisent la vie.

Mémoire et Souvenirs

Sur un écran d'étain,
La mémoire détient
Les mots que demain
J'aurais alors besoin.

Le souvenir est fugace,
S'inscrit en lettres d'or
Au miroir des traces
Que l'on puise alors,

A la mémoire cachée
Des souvenirs épuisés,
Perdus, parfois égarés,
Oublis des mots passés.

Mémoire ! Tiroir secret
De nos connaissances,
Pensée fière d'aisance
Aux souvenirs discrets.

Quand les mots perdus
Témoins de temps anciens
En mémoire pour demain
Sont un souvenir de plus.

La destinée !

Jusqu'ici j'ai exprimé
La souffrance morale
La peine des sentiments
La rancœur
Le désespoir

Désormais, je donne place à la poésie pour,
Comme le phénix, renaître
Espérer, vivre.

La destinée !

Aventure de la vie
Parfois souffrance
Inscrite dans les gènes imposent des
Changements, entraîne le destin
En un événement enchaîné.
La destinée !

Est souvent douleur
Mais aussi bonheur.
Fatalité du pire, et du meilleur.

La destinée !

Dans la vie ! Est comme
La nature, notre maître.
Ont la subie,
Ont la découvre
Quand elle se présente.

La destinée !

Impose sa loi
A tout moment de la vie
Est la religion des athées.

Ma Provence

Provence ! Tu es un
Parfum, de romarin
De Lavande, de thym

De genets et serpolets
Tes pinèdes en bouquets
Au maquis fort bariolé.

La garrigue de Provence
Est une nature sauvage
Un parfum de France
Elle est une collection

Odorante de la nature
Provence de floraison

Un livre ouvert d'arôme

Dans ce grand jardin
De toutes les saisons
De la vigne et du vin

Ses fruitiers, amandiers
Précoces, et orangers,
En mai, cerises du verger

L'automne nous étonne.

Le fenouil indispensable,
La marjolaine indigène,
Le serpolet des chênes,

La garrigue et la mer,
Saveurs de Provence
Senteurs des mélanges

Aromatisés, terre aride
Terre brûlée, d'un soleil
Fidèle où coule le miel.

Où, les cigales cancanent.

Le port

Ma ville, Toulon

Il n'est point de ville
Plus belle que la sienne,
Il n'est point de ville
Plus belle que l'on aime.

Il n'est point de ville
Plus belle que Venise,
Plus sombre qu'en tamise,
Plus fleurie qu'Honfleur,
Plus penchée que Pise,
Plus vieille que Bruges,

Il n'est point de ville
Plus belle que celle
Que l'on aime belle.
Il n'est point de ville

Plus claire que ma ville,
Du soleil qu'elle brille.
Qui n'ait si beau port
Qui n'ait si beaux forts,
Qui n'ait si belle origine
Qui n'ait si belles filles.

Il n'est point de ville
Qui n'ait un tel dit-on !
A faire perdre la raison
Eloigné du beau Toulon
Qui n'eut son berceau
De cathédrale en Castigneau
Pillée, ravagée, incendiée

Des Romains, aux Anglais
Sans oublier des princes
Et seigneurs de provinces.

Il n'est point de ville
Avec plus belle histoire,
En impulsion de Rois,
Mais sans jolis beffrois,
De l'ingénieur Vauban
Seules belles murailles
Entre mer et montagne
De la gaule à nos jours,

Il n'est point de ville
Qui eut « Bonaparte »
Pour battre les Anglais
Qui eut Delattre de Tassigny
Pour chasser l'Allemand

Il n'est point de ville
Plus triste sans son port
De jadis, sans ses marins
A pompons sur le port,
Sans sa marine en ville,
Sans son passé débile

Il n'est point de ville
Plus belle que la sienne,
Il n'est point de ville
Plus belle que l'on aime.
Pourtant, où est ma ville ?
Il n'est pas de belle ville
Si mal refait en ville,
Avec tours sur autoroute,
Sans bel hôtel de ville,

Sans souvenir de roi,
Sans palais fastueux,
Et plus tavernes en ville.

Il reste à ma belle ville,
Sa rade pour touristes,
Son pur soleil du midi,
Ses forts sur montagne,
Sa corniche du Faron
Dû au maire de génie
L'ingénieur Escartefigue

Immortalisé par Pagnol.
Il n'est point de belle ville
Qui ne conserve les noms
Que dans de petits cartons,
Se perdant de rues en rues
Oubliées de l'histoire, sans
Souvenir de gloire de nos
Si belles et grandes villes,
A qui nous devons les noms
De nos plus grandes villes

Sans ceux qui les bâtirent.
Et pour nous ici, à Toulon
Cité de Provence liée à la France
Par Henri IV, Richelieu, le roi
Louis XIV, au devenir du
Plus grand port de France.
Sans oublier encore ceux
Qui donnèrent à Toulon
Son origine, Télo-Martius
Et Toulon, Pour l'éternité

Je cherche là, leurs noms,
Et ne trouve que d'illustres

Personnalités inconnues
De l'histoire et sans gloire.

Il ne sera jamais plus,
Belle ville en mon cœur
De jeunesse, que Toulon
Avec marins et pompons

Ma ville meurt de foule
Est morte sans couleur
Sans hommes d'honneur
Même son port y coule.

Un rue Masséna
(Maréchal de France sous Napoléon)

Mon quartier
Le Mourillon
La rue où je suis né
Le plus beau de Toulon
Aujourd'hui bien changé.
En angle du boulevard
Bazeilles, je me souviens
Sur le boulevard
Des chevaux de la caserne
Du quatrième colonial.
Régiment de sénégalais
Au visage balafré
Et aux dents d'ivoire.

En face de ma rue
Le clairon sonnait
L'extinction des feux
Onze heure trente
«tiens voilà du boudin »
Me levais tous les matins
Au son du « soldat lève toi »
Le régiment était composé
De français
Et de sénégalais

Rentrant des manœuvres,
La troupe harassée et fourbue
Drapeaux et tambours
En tête, au pas cadencés
Jouait « Sambre et Meuse »
Jusqu'à l'entrée de la cour.
Ont les applaudissaient
C'était un moment chargé
D'émotions heureuses

Aux heures de quartier
Libre, la caserne se vidait.
Les officiers allaient
Au manège du polygone
Faire sauter et galoper
Chevaux et cavaliers.
Avec papa nous allions
Jusqu'à l'hippodrome.
Les voir tourner
Comme sur un vélodrome
Fier comme Artaban
Ils tournaient, tournaient
Des heures durant.

Les soldats sénégalais
Rentraient souvent noir
Non de peau, mais
Revenant de « l'abreuvoir »
Ne manquait pas de pisser
Contre le grand mur
Qui nous séparait de la caserne
A vous dire la vérité,
A l'âge de ma puberté
J'étais intrigué de voir
Ces magnifiques noirs
Tenir un « manche à balai »
Dont il ne se gênait
Guère d'en exhiber la vigueur

Le mur de la caserne
Conservait leur bonheur…
Le mini trottoir ruisselait
De pisse orange venue d'ailleurs
Dans ma rue, pas d'oiseaux
Que des beaux soldats.
En burnous et Chéchia.
Je me souviens de ma rue
Où j'ai passé ma jeunesse
Chère à mon cœur, ému
De la revoir aujourd'hui
La caserne a disparue
La « brabançonne » s'est tue
Le sénégalais chez lui
Chevaux, soldats évanouis

«Pleure ô pays bien aimé »
Suis resté l'enfant de ma rue.
Peut être inconsciemment
Suis resté Imprégné
De cette époque
De douceur où la vie avait
La logique de la simplicité
D'une nature heureuse
Et très harmonieuse.

L'agressivité de la société
Me heurte, j'en ressent
Les effets différents
Avec les adolescents
Comme avec les adultes
Me rebelle, au fond de moi
Suis resté cet enfant culte
De la rue Masséna, droit
Naïf, croyant à la sincérité
Des mots exprimés comme
Une vérité des hommes.

Je lutte en permanence
Toujours en souffrance,
Conservant cette référence
A ma douce enfance.
Permettez que j'en dénonce
Le souvenir sans outrance
Au seuil de ma déchéance.
Tel a été mon existence.
Tout le reste, en apparence,
N'est que différence.

Ma mère, femme d'autorité
(1899 / 1985)

Si je me souviens de mon père, au sourire si doux, j'ai conservé de ma mère, l'autorité généreuse dans une âme d'artiste. Si je me souviens de ce hall de gare, aujourd'hui, je comprends mieux mon père...

Son autorité n'était pas dans le langage, mais dans son comportement désordonné.

Mon père ne savait pas cuisiner, il aimait les « sardines » on ne lui en faisait jamais, pourtant ma mère était bonne cuisinière. Mon père aimait le fromage fort.. il n'en avait jamais. Mon père aimait la campagne, ma mère la ville etc..

Et peut être bien d'autres choses.. dont je n'ai pas été témoin... J'ai le souvenir aigre de cette autorité ...On me forçait à manger la soupe de petites pâtes au cerfeuil « horreur », les légumes n'étaient pas ceux d'aujourd'hui, la saveur était plus forte, le cerfeuil insupportable, comme le fenouil de jadis.

Je restais devant l'assiette, tant que je n'avais pas fini, cela durait des heures, avec mal au cœur, les yeux chargés de larmes. Enfant, j'avais tendance à « mouiller les draps », (j'étais énurétique) je n'osais pas me lever, j'attendais dans la moiteur tiède, le moment de la réprimande..

Jusqu'au jour où, le drap mouillé sur la tête j'ai dû me promener sur le boulevard de Bazeilles... un long moment... j'avais 7 ou 8 ans..

Les jeux n'étaient pas interdits, mais mesurés.

Mon père m'avait acheté une bicyclette de course Tendil. (on ne disait pas encore vélo..) dans les années 1933 la voiture « n'envahissait » pas le boulevard Bazeilles…

Quand j'avais le droit de la sortir, c'était accompagné de mon père le soir d'été vers 17h, le reste du temps je passais mon envie de « bicyclette », dans la chambre de mes parents, entre lit et mur, soit un espace de 40 cm env.

Il faut dire à leur décharge, sauvé de la double fièvre typhoïde, Il avait pour moi la peur de tout…

Non, ma mère n'était pas un « ogre », elle était la conséquence d'une éducation sévère, reçue avec intelligence de sa mère, directrice d'école, mais dont elle la « redistribuait » sans pédagogie.

Sa mère, sévère au regard d'aigle, savait doser sa sévérité, elle savait. Quant il fallait l'être, et quant il ne fallait pas devant les devoirs, elle était l'institutrice sévère, sûre, tenace, compétente.

Le reste du temps c'était la femme merveilleuse, la grand-mère intelligente noble. Chaque fois que j'évoque son souvenir j'ai les larmes de la reconnaissance. Ma mère, nous faisait aussi travailler les devoirs, Oh combien la méthode était différente j'en ai encore mal à la tête…

Nous allions parfois au théâtre, au poulailler, j'avais une peur atroce d'un scandale.. mon père impassible, debout était immédiatement « mêlé au spectacle », pendant que ma mère s'accrochait avec la « poissonnière » pour une petite place…Le plus souvent sur les escaliers du centre de l'allée, à cette époque le théâtre était bondé, peu cher…

Mon père allait souvent passer le dimanche avec son beau-frère au Pradet, par le petit train du sud qui relayait Toulon à Hyères, avec lui il évacuait, cette autorité.

Ma mère n'était pas que cela, elle avait des doigts d'or, brodait à merveille, tricotait aussi bien, était la générosité même, ne possédait rien à elle, savait donner la chose matérielle, là était son contraste.

Sans la culture de mon père, elle était plus adroite de ses mains, que de sa « tête » mon père ne savait rien faire de ses dix doigts là était leur complémentarité, un la tête, l'autre la main.

Mon père les mains « percées », ma mère avait la « bosse »des mathématiques, gérait la maison, décidait tout, mon père acquiesçait tout, le matériel lui passait au-dessus de la tête.

Ma mère, avait l'art de recevoir à l'orientale, souvenir impérissable de son séjour en Indochine qu'elle garda jusqu'à sa mort la nostalgie.
Elle vécu une liberté totale avec son mari, deux êtres opposés complémentaires ayant vécus leur vie cote à cote à des lieux de distance. mais sûrement d'amour.

Elle était sans peur, mais pas sans reproche, (comme mon père allait brusquement se coucher), ma mère aussi brusquement décidait à minuit de partir à pied faire la belote avec sa tante Joséphine elle tenait une boutique de modiste rue Augustin Daumas à Toulon.

Il fallait traverser le « nomansland » du port marchant entre le Mourillon et Toulon où les nuits sans lune, étaient d'un noir d'encre où le mistral (plus puissant qu'aujourd'hui) décoiffait et déshabillait. elle ignorait la peur..

De cette union, deux enfants, moi-même, l'aîné de quatre ans et mon frère Robert, décédé à 16 ans (1927-1944) des effets de la seconde guerre mondiale.

De ce décès, mes parents ne s'en sont jamais remis, mon père Retranché encore plus dans la lecture, pour évacuer sa douleur, ma mère a changé, les larmes ont creusé son si beau visage, elle était une très belle femme aux traits très fins, passait des heures à pleurer dans son fauteuil..

Evadé des chantiers de jeunesses (l'armée de l'époque) je ne suis pas arrivé à temps pour l'enterrement de mon frère à la Garde.

Ensuite grand-mère nous a quittés, alors que j'étais absent de France.
Qui suis-je ! Issu de ces deux caractères si différents, j'ai reçu beaucoup, de l'un, un peu de l'autre, à ceux qui m'ont connu d'en faire l'évaluation, une chose est certaine, je tiens d'eux la générosité peut être ce coté artistique sous la forme différente de chacun d'eux.

Le dessin de ma mère, le goût littéraire de mon père

Nous recevons tous un pourcentage de chromosomes de nos parents, faisant ce que nous sommes…nous apparaissons ainsi aux yeux des autres, dans un monde environnant différent avec les gènes à vivre dans un autre temps..

1923 Ma naissance.
36 Vacances à Solliès-Toucas avec grand-mère.
39 La seconde guerre mondiale, et ses conséquences.
45 L'Armistice.
46 Mon premier mariage.
48 Naissance de Monique.
74 Mon divorce.
75 Rencontre de Brigitte.
81 Naissance de Prunelle.
83 Naissance de Clément.
94 La séparation.

La suite j'attends…et me doute ce sera ma tristesse…

Séparation, que mes parents, dans leurs différences n'ont jamais connue, En cela je les remercie ne de pas m'avoir fait connaître le déchirement que peu ressentir l'enfant d'une absence de l'un ou de l'autre parent dans la jeune vie..

Les rencontres « bombons » ne remplace jamais l'amour quotidien…
Ils ont su savoir-vivre ensemble, comme on savait le faire auparavant la guerre, début d'une ère moderne où le couple a perdu la notion de responsabilité que l'on doit à ses enfants, irresponsables des différences du couple, mais issu d'un jour, d'un instant d'amour.

L'adolescence, est la charge à vivre par les deux parents

Les problèmes de couples ont toujours existé, ils savaient gérer la différence, ils savaient se supporter, ils savaient trouver l'exutoire, sans casser le couple.. le divorce était l'exception grave.

Ma mère adorait voyager.. elle accompagnait toujours mon père dans les rencontres entre anciens combattants de 14/18.. Savait briller par sa prestance, son savoir-faire oriental, et son élégance. sans la culture de son mari, avait inconsciemment la noblesse, reçu de sa mère.

Ceci, pour la mémoire sollicitée par Prunelle et Clément.

En ce qui concerne ma vie personnelle, vous trouverez dans les divers textes ce que vous voulez savoir.. rien de particulier. Etudes, la guerre, le maquis, 2 mariages, un divorce, une séparation,3 enfants, du travail, des regrets parfois …pas de maîtresse.

Suis toujours resté fidèle à mes épouses ce malgré les apparences ou les ont dit, tout le reste est folklore, marqué par l'éducation reçue, et la maladie de jeunesse, je suis resté timide, naïf, handicap lourd, que j'ai dû supporter toute ma vie...

Pour combattre ce handicap j'ai « navigué » dans des « sphères » techniques, philosophiques, à la recherche de perfection de connaissances et d'assurance seulement partiellement acquises à la fin de ma vie.
Ici, fin des confessions sur ma mère, mon père disait…pourvu que j'aie…
        Une Table, une Chaise, un Livre….
A Félix Gras sans le vouloir comme mon père j'ai réalisé ce désir simple du bonheur.

Port-Cros, île du souvenir

Combien je m'en souviens
De ce dernier voyage
A l'île des souvenirs anciens
Pour y retrouver un jeune âge !

C'est une île sous le vent
Où pousse mille fleurs
Protégée par le gouvernement
Ma mère, y a laissé son cœur.

Battue par les flots violents
La jeunesse de ses cinq ans
A connue tous les rochers
Et les sentiers sous la forêt.

Continent si proche, si lointain
Que la barque qui devait braver
Les tempêtes pour apporter le pain,
Ne pouvait l'accoster l'hiver
Epoque des anciens temps,
L'île avait encor son authenticité,
Sa faune, ses fleurs, sans nécessité
D'une protection d'argent.

Les sources d'eau cristalline
Sous les pinèdes proches
Scintillaient entre les roches
Le soir quand le soleil décline
Grand-mère nous disait,
Que le murmure arrivait
Jusqu'au village tant le silence
D'or était immense.

A l'aube, la lumière ruisselait
Sur les façades de couleurs
L'institutrice à l'école montrait
A ses petits élèves la douceur

Du paysage, leurs yeux ébahis
Disait-elle, l'incitait à leur donner
Cette cour d'observation à goûter
Ce moment de matinée inouïe.

Elle avait cette douce voix
D'enseignante, des yeux de feu,
Disait ma mère, quand parfois
Elle devait sévir un peu.

Port-Cros à peu d'habitants
Au début du XIXième siècle
Seulement vingt sept, puis fin du siècle
Soixante cinq uniquement

Grand-mère, avec ses enfants
Ont fait parti de ces îliens
Dont elle a courageusement
Su, accompagné de la main

Elle à aimer cette île merveilleuse
Faite des senteurs des fruitiers,
Des fleurs, aux couleurs de l'été,
Et la vigne fertile généreuse.

J'ai gardé ce souvenir combien
Heureux d'écouter grand-mère
Parler de son île comme d'un bien
Et celui de sa fille, ma mère.

Avoir voulu à son âge avancé
Revoir Port Cros et son ami
Qui semblait l'attendre accoudé,
A la barque de M. Papassodi.

Avec qui elle avait gambadé
Sur les plages et rochers de Port-Cros
Celle île et sa « fille Bagaud »
Ce fut la merveilleuse journée.

T'en souviens-tu ? Toi ! Avec qui
Ensemble nous avons été émus
A ces retrouvailles un jour à midi
Tu avais voulu, cette journée à cœur nu

Mon père, au sourire si doux,
(1896 - 1964)

Je revois mon père arriver à la maison les bras chargés d'hebdomadaires, de journaux, il avait la passion du livre et de l'information.

Après le repas le soir, croisait ses jambes, fumait sa cigarette, qu'il tapotait si souvent, il n'en fumait qu'un très petit bout, cette contenance lui donnait une attitude de sérénité il "goûtait" cet instant de silence. Puis, brusquement se levait, pliait son papier ou son livre, "Achloff "disait-il et allait se coucher, Il était vingt deux heures.

Mon père était la rectitude même, l'heure de repos était minutée, jamais il ne dépassait vingt deux heures, c'était un rituel. Il se levait très tôt, quatre heures du matin, faisait le café avec moult bruit, réveillait la maisonnée entière…

La gare était son lieu de prédilection il aimait l'ambiance du hall, l'odeur de voyage lui était familière, c'est au kiosque qu'il prenait toutes ses lectures.

Les nouvelles arrivent là en priorité, disait-il… !

Lieu magique en mouvement, où l'on attend les amis, l'être aimé. Il m'en menait parfois avec lui à la gare.

Bonjours monsieur, lui disait la libraire avec un sourire aimable. J'étais fier de savoir mon père connu là, ou en principe, est l'anonymat le plus étrange..
La fumée que crachait la locomotive était une invite au départ, l'arrivée du train donnait une odeur acre dans le hall.

Mon père, un soir d'août, a rejoint en souriant ses souvenirs…

Probablement celui du hall de gare, où il a passé des heures de bonheur, havre où il allait chercher sa liberté, sa culture était immense.

« Merci père, je me souviens de ta gentillesse », j'aurais tant voulu avoir comme toi un hall de gare, à me souvenir.

Hélas, le train de fumée a disparu, plus d'odeur de voyage plus de grincement de roues sur rails luisants, le kiosque à perdu son intimité, le monde a changé, il me reste ce souvenir cher et si doux à mon cœur.

L'allée de platanes (souvenir de la Valette Var)

J'avais six ans quand je suis aller vivre avec ma grand-mère au domaine du Thouars à la Valette, propriété de nos parents les castels.
J'étais malade disait-on il me fallait une nourriture spéciale, j'avais des repas et goûters copieux, sardines à l'huile au beurre, œufs à la coque café au lait avec tartines au beurre. etc..

C'est de ce temps passé à la Valette que j'ai conservé le goût des Produits aujourd'hui, la propriété de vingt cinq hectares a été morcelée au décès de la tante Castel.

Quel souvenir de cette époque, mon âme en est imprégnée. Elle avait une âme cette allée de platanes...
Elle menait, du vieux Manoir à la Noria, l'oncle Joseph précédé de « Pompon », Le vieux cheval, allait faire tourner les godets de la Noria pour remonter l'eau d'arrosage.

Le manoir était une grosse bastide entourée de vignes, de vingt hectares, depuis la colline du Thouars, jusqu'à la route Nord, vers la Farlède.

La Noria, est une machine hydraulique, formée de godets reliés à une chaîne sans fin, entraînés par la rotation que fait un cheval ou un âne tournant aveuglément sur une petite aire de terre faisant ainsi remonter l'eau du puits.

L'oncle Joseph, quatrième fils de la famille Castel, était chargé de l'exploitation de la propriété. Deux ou trois fois par semaine, il allait faire tourner la Noria pour alimenter la propriété en eau potable. Il devait emprunter cette magnifique allée de platanes.

Parfois Joseph me faisait monter sur le dos de Pompon, c'était pour moi un événement et un supplice, car en petite culotte courte, je n'avais que six ans, dès que Pompon avançait, à chacun de ses pas, les plis de son dos pinçaient mes cuisses.
Joseph suivait derrière en tenant les rênes de cordes, il riait à gorge déployée de me voir apeuré.. Arrivée dans l'allée il me descendait du cheval, c'était un soulagement…grand-mère me reprenait en charge..

L'allée de platanes était pour grand-mère un havre de repos, nous allions y promener dès les matins chauds de printemps.
Assis dans l'herbe fraîche, entre deux platanes centenaires, nous y passions des moments de tranquillités féeriques.

Les platanes bordaient de chaque coté le petit chemin qui conduisait jusqu'à la Noria, au printemps il faisait une voûte de feuillage, l'ombre était légère.

Grand-mère lisait, je jouais à ses cotés, me surveillait du coin de l'œil, avec amour et tendresse. Mes jeunes pas, ont promené sous l'ombrage de cette allée.

Mes rêves d'enfant, restés vivants du temps de cette époque, ont ici, le souvenir des instants de bonheur, que j'ai eu avec grand-mère à la propriété de tante Castel.

Les oiseaux chantaient, les fleurs abondaient dans toute l'allée, le sentier était jonché de feuilles roussies multicolores, elles se brisaient sous mes pas, le silence était presque de cathédrale.

Les godets rouillés, grinçaient en déversant l'eau du puits, les petits bruits de la campagne m'étaient familiers, le paysage avait la note poétique, que je ressens aujourd'hui.

J'ai laissé dans cette allée un peu de mon cœur, de ma vie, l'horizon du temps passé s'est éloigné, sans que le souvenir de l'allée de platanes se soit estompé.

Au retour, nous allions jusqu'à la ferme voisine, chercher le lait, la fermière nous passait le bidon, par-dessus le mur de clôture. Il était si haut, que grand-mère était obligée de ce réhausser sur la pointe des pieds, puis, nous rentrions. Je préparais mon cahier, puis assise à mes côtés, me faisait travailler à la lampe à pétrole. La vie s'écoulait à la vitesse d'un temps meilleur.

Les ans ont passé, les promenades dans l'allée, et le temps de ces jours me sont encore présent en mémoire, restent un des meilleurs souvenirs de ma prime jeunesse.

Qu'en reste-t-il, de cette allée... ! Quatre platanes seulement ! Pour toute une allée qui faisait au moins cent mètres...

Mes chers enfants, en passant au Nord du centre industriel (Babou) sur la voie qui mène au col du Thouars, à gauche, vous verrez quatre platanes, vestiges de ce souvenir, enterrés ramenés au rang de « gros bonsaï » seul témoin de ce temps de ma jeunesse.

Si j'ai un vœu à vous faire, c'est que vous vous souveniez d'un moment, d'un lieu, que votre mémoire a pu retenir, pour vous provoquer plus tard, quelques larmes humaines...

Le temps oublié,

Je n'avais pas de temps
A perdre avec le temps,
Pour regarder les fleurs,
Les abeilles sur les fleurs,
Les oiseaux sur les roseaux,

A sentir le vent du soir,
A voir se lever les étoiles
Dans une nuit d'ivoire,
Du temps en mémoire
A vivre la vie sans déboire.
Il fallait œuvrer, toujours,
Sans savoir que le temps
Qui passe n'est plus le temps
De tous les beaux jours,
J'ai souvenir des instants

De labeur, plié des heures
Durant sous la pâle clarté
De la lampe, ivre de volupté
A bâtir l'habitat de l'homme
Sacrifice du temps en somme.

Mon sang bouillait d'amour
Sublime, je me nourrissais
De ce festin inutile du temps
Où tout chancelle d'avoir oublié
La nécessité du vrai bon temps.

La vie professionnelle est un
Ouragan du temps qui fuit,

C'est le temps sacrifié d'un
Moment de vie, dans la nuit
Du temps passé à vivre inutile.

Le temps est comptable de
L'espace temps vécu, où se
Décompte les heures perdues,
A oublier le sens de la vie,
Fantaisie de toutes les envies.

Le temps retrouvé,

Echoué de la vie, le temps
Ici, s'écoule bien serein
Tranquille, doux moment
Où l'esprit divague le matin
A vivre le temps d'aimer
L'amour des choses d'antan.

Le temps de sentir, humer
La vie, goutter le temps.
Des souvenirs non effacés,
De mémoire, laisser bercer
Le temps à vivre le bonheur,
Où il y a une autre valeur.

Sentir le parfum des fleurs,
Ecouter le murmure du vent,
Entendre le merle siffleur
Le soir, observer la nuit
Etoilée, fuir avec le temps.

La lune dans le noir du ciel
Sans nuage, douceur de miel

Du temps écoulé sans soleil,
Où les fleurs ont caché
L'indicible beauté colorée.

Au matin des printemps,
La fleur offre son cœur
A l'amour de l'abeille,
Son parfum, est pour elle
Le temps des senteurs.
Fleur, maîtresse du temps
Ton parfum inonde la vie,
Le temps sans fleur, serait
Comme la vie sans femme.

L'oiseau vole avec le vent
Sans se soucier du temps
Faisant du vent porteur,
L'espoir de sa vie errante.
« Le temps, ne suspend plus son vol »
Souvenir de voyage,

J'ai connu bien des pays
Bien des villes de France
Bien des cités jolies
Dont j'ai la souvenance.

Des visages, j'ai rencontré.
J'ai promené en chemins,
En sentiers ombragés
De Mélèzes, de Sapins.

J'ai connu l'Autriche, l'Italie
La Suisse bien fleurie,
Bien d'autres pays aussi
Comme la Belgique, ami,

Pour mon dernier voyage
L'Angleterre, à la vie sage,
La France à eu le visage
De ma grande préférence

Alpes aux cimes rocheuses
Pyrénées aux crêtes arrondies
Vallées et plaines fleuries
Furent ma meilleure envie

Là, est mon dernier voyage
En chambre, avec mes livres
Refaisant pas à pas l'image
D'un promeneur en délire.

A réfléchir au temps passé,
A regarder ailleurs la vie,
A aimer d'autres envies
A écouter le vent passer.

Ma chambre et mes livres
Désormais mes souvenirs
Accumulés, au seul désir
D'une mémoire à ressentir,

Le souvenir des voyages..

Pour couronner ce pot du souvenir en pot de fleurs je
conclurais. Avec la…Caprière , fut la villa de nos amours
souvenez vous. Je n'ai pas résisté à en faire une poésie.

Le câprier, arbuste de chez nous
Dont le bouton de fleur nous
Donne ce fruit amer, si doux,
D'un mélange riche de goût

Peu de terre, des murs vieux
Soleil, et ombre humide si peu,
Le nourrisse à nos yeux en ce lieu
C'était la Caprière des jours heureux.

Nous avions construit un nid d'amour
Fait de soleil et d'ombre en bordure
De rivière, demeure blanche du jour
Où le lierre avait gravi les murs.
L'oiseau, jamais n'oublie son nid
Fait de brindilles où niche sa couvée
A chaque saison d'amour de l'été
Il y retrouve la source de sa vie.

Pourquoi ? L'homme, à chaque
Eclats de voix, perd-t-il le nid construit
Pour sa fragile famille ? Fugace,
Recherche un autre nid pour lui ?

Le temps aurait du faire œuvre,
Attendre la maturité des ans,
Que s'épanouisse en la demeure
Du nid d'amour, la vie pour longtemps.

Tant d'années, de souvenirs vécus
Disparus avec le vieux câprier
En ce lieu, le temps n'a pas voulu
Que la Caprière reste la dernière !

Du bord de rivière, à la route
Bruyante, reste l'amer souvenir
De la Caprière des temps du plaisir
Disparu, pour d'autres sans doute !

Caprière, je t'aurais façonné
De papier, de crayon, de gomme,
De veilles, sans sommeil égaré,
Architecture si belle, en somme.
Presque elle….

Caprière, la blanche, aux peupliers
Palpitants, au prunellier de baies
Sauvages, saule pleurant, et mûriers
Aux feuillages d'ombrages d'été.
Ton souvenir reste toujours vivant,
En notre cœur de tous les instants
Pour nos enfants Prunelle et Clément
Et pour nous, les désolés du moment.

Le temps n'a pas voulu !
La Caprière à disparue,
Ma voix s'est perdue
Avec l'amour et ses mur.

Et maintenant Chez Félix

Le cœur en prison,
L'âme en délire
Je me déchire
A perdre la raison.

Joie de vivre fichue,
Seul en demeure,
Cœur sans douceur,
L'esprit, ici s'englue.

S'en vont les ans
Epuisés du temps

Des jeux d'espiègles
Tourments du siècle.

Un autre arrive, lisse,
Je n'aurais plus d'an,
Seul un signe de brise
Glisse pour l'instant.

Chez Félix, du passé,
J'écris le bon temps,
Des années à aimer
L'amour, la vie, les ans

Dans l'ombre grise
Des déroutes passées,
Les jours se brises
Sur le silence secret,

Sans bruit alentour,
Sans amour, ni tambour,
Face au temps qui fuit
Chez Félix vient la nuit.

Le Départ de Prunelle

Tu avais presque vingt ans
Tu vivais sans souciance
Dans les secrets de tes ans
Mais tu as eu ton exubérance,
Pour précipiter l'échéance
De ton départ, sans te soucier
De la peine et du déchirement
De ta précipitation, à rallier
Ton nouveau nid, avec ton ami

La bas où tu crois avoir choisi
Ta liberté, l'éveil de ta vie,
Oubliant, qu'un départ se vie,

S'organise, faisant du changement,
Naître au sein de la famille, l'espoir
Que ton départ n'aura pas des soirs
Noir, que ton bonheur sera éclatant.

De si loin que soit ta jeunesse
Illuminant la tendresse vouée
A celui que tu as choisi, auréolé
De toi, espérant qu'il n'en reste

Aucun nuage, aucun chagrin
Aucune mémoire de ce départ
Précipité, dans ce choix du destin
Avoir voulu une vie de brouillard,
En ce monde, où la vie est difficile.
Je souhaite que ton départ fut il
Soit la réussite de tes espoirs
Et pour moi le bonheur de le voir.

« L'homme allongé »
(Où, Le père tranquille, vu par eux)

De position très allongée,
On le comparait au marbre
Du penseur de Rodin…
Ne bougeait pas, ne se levait
Que pour faire la « cuisine »,
Où téléphoner à la «cousine »,

Sortait un peu chez le voisin,
Puis rentrait, reprenait, facile
La position, « bien inutile ».

Notre vie était à l'étage.
Nous ne voyons, père,
Qu'en passant au large
Pour téléphoner « allègre »
Ou pour prendre le repas
Rapide, puis « basta ».
Nous pensions qu'il perdait
Son temps, à rester inactif.
« Tu devrais aller promener ! »
« Ou marcher en sportif, »
« Tu reste là, sur ta couche »
« Peint, retrouve l'activité »

Rien, il ne bougeait pas,
Toujours là, sans ébats..
Parfois, allait à sa « planche »
Nous en possédions deux, une
Servant « d'appuis au linge »
L'autre pour son ordinateur.
Que pouvait-il bien faire,
Face à l'écran vide de « mots »
A la retraite, n'ayant plus
D'activité professionnelle

Etions, sans plus étonné
De le savoir là, si tempéré
Modéré, qu'il n'a jamais été.
Nous passions devant lui
Indifférent à sa position

De ce qu'il pouvait faire
Face à l'écran « honoraire »

Aujourd'hui, les ans passés
Ayant « quitté » la maison,
Sous « chemises » découvrons
Le poète caché en « carton »

Cette immobilité physique
Etait en fait, une activité
Cérébrale intense, chargée
D'émotions, de sensibilités
Propre à sa riche créativité
D'artiste, dont il n'a jamais
Oublié sa nature psychique.

Peindre, écrire, était logique,
Il échappait à l'acharnement
De la vie, avec nous enfant.
Quand, proximité est habitude,

Que le cœur vous porte ailleurs
Vers des horizons à multitudes,
Ont reste aveugle aux proches
Et les souvenirs, sont moches.

Aujourd'hui, de son absence
Il reste sa pensée discrète
D'activités cachées secrètes

« *L'homme allongé* »
(A voulu servir sa mémoire)

Vieillir
Courber
Son corps
Devant la mort
Remercier
La jeunesse
A l'heure de la vieillesse
Offrir son âme
Vide de flamme,
Oubli des noms
Des mots sans nom.
Avoir
Rides profondes
La chair prête
A quitter les os,
Faisant du corps
D'athlète de jadis
Une forme raidie.

C'est l'hiver
Des étés chauds
Où l'être était
Svelte, beau,
Donnant gloire
A son auditoire
Devenu le repos
Des combats
Ou ici, tout cela
A jamais anéanti
Ne joui, que de vie

Vivre de souvenirs
Ivres à goûter la vie
N'ayant plus l'envie
Des jeunes années
Il reste pourtant
Encor, non mourant
Un reste du désir
A donner, à mourir
Du plaisir charmant,
A nourrir l'esprit,
A défaut d'un corps

Meurtri de vie
Comme feuille morte.
Vieillir, quitter,
Un jardin de roses
Pour une allée
De chrysanthèmes.
Au jardin des roses
Les fleurs étaient
Des rêves d'espoirs.
Au sentier du soir
La vie, est un couloir
Vers la terre humide
D'espoirs timides.

C'est tourner une
Page d'aventure
Chant des passions,
Pour la lumière pure
Meilleures illusions
D'une âme de beauté
Tendre une main
A la vie du matin.

Quand l'hiver
A remplacé l'été,
Vieillir, c'est aimer
Sans être amer
Des déchirures
Que laisse la vie
En rêve de ramure
Quand l'amour
Sans amertume
N'a aucune brume
Dans le cœur
D'autre bonheur.

C'est l'âge
Des chairs fripées,
Des avantages
D'amour non partagé
Aujourd'hui, pantin
Au corps fané
Ne reste que souffle
Du temps de vie
Passé, l'hiver a remplacé
Les chauds étés d'envies.

Les lauriers de l'enclos

J'ai devant ma fenêtre
Quelques modestes lauriers,
Grimpants en guerrier
A l'assaut de lumière.
O ! Douce image
Que donne leur ouvrage
A mon âge,
Sans soucis, ni outrage,

Laisse dans mon cœur
Une fraîcheur colorée
De plaisir, et de douceur
Les matins de rosée.

J'aime ces verts lauriers
Aux fleurs multicolores
Qui du printemps à l'été
Roses, blanches, colorent
Le petit mur d'enceinte
De l'enclos.
C'est la vie non feinte,
Et mon jardin de repos.

Pour être crédible je dois ajouter un chapitre celui que Prunelle et Clément m'ont souvent demandé plusieurs fois.

« que faisais tu quand tu était jeune.. » sous entendu avec les filles…

Ah si j'avais eu la télé, où la liberté du X comme aujourd'hui j'aurais peut être des choses croustillantes à vous dire..
Non ! Le sexe était tabou, je n'ai jamais entendu mes parents prononcé ne serais ce qu'une fois le « « sexe » ce mot n'existait pas dans le langage ou tout au moins devant les enfants, quant ils avaient des conversations un peu plus « osées » avec des amis on me disait :

« Georges » va te coucher.

Ainsi je suis arrivé à la majorité (21 ans) à l'époque, presque sans ne savoir rien de l'amour le peu acquis, était ce que mes oreilles avaient pu entendre…entre nous on se disait..

« Tu sais comment on devine qu'une femme a fait l'amour la nuit.. ? En regardant le devant de sa robe, si elle a un « renflement ».

Ca vous paraît surnaturel pourtant c'était ainsi…j'entends d'ici vos éclats de rire..

C'est dans le premier mariage que j'ai un peu appris hélas peu car ma femme n'en savait pas plus que moi elle avait un an de moins que moi ….. je comprends aujourd'hui, seulement aujourd'hui, la carence que j'avais dans cette pratique et la surprise dans mon second mariage pardon… je ne savais pas.. A chaque « nouveautés » je me posais la question..

Tiens ! Voilà du « nouveau … ! Je ne savais pas ça, surpris n'allant jamais plus loin n'imaginant jamais le pire. Je profitais de cette « expérience » dans toute ma naïveté. Combien j'ai du paraître « beunet ». J'ai donc eu mon « éducation sexuelle » qu'au fil du temps dans le second mariage..
Pourtant, en moi j'avais la fougue de la vie qui transpirait par toutes les pores de mon être.. j'ai beaucoup souffert de cette situation.

Alors ! Pour avoir des « aventures » avec ces handicaps la « timidité » et « l'ignorance » ce n'est jamais, ce que demande une femme encore moins une « aventure ».

Voilà, je me suis mis à nu, vous en acceptez l'augure ou vous vous gaussez, je n'ai rien pu faire d'autre que de suivre l'éducation donnée reçue de mon époque, comme vous suivez la votre inéluctablement, mais rien ne prouve que vous soyez plus dans la vérité, puisque les couples se défont à la vitesse grand V..

Un jour viendra, j'en reste persuadé, que les mentalités évoluées feront le chemin inverse pour revenir à des mœurs plus normales pour sauver le couple, la famille, le sexe aura une « pratique » plus sereine, plus normale quand il aura épuisé le « Kâmasûtra » de ses œuvres…

La naïveté s'inscrit dans les gènes de la naissance, l'ignorance dans l'éducation parentale du moment, l'école, à la récrée, fait la formation..

Rien de plus à vous, dire le reste est fantaisie ou contre vérité.

La grotte des Bonnettes

La grotte des bonnettes,
Petite maisonnette
A l'ombre des pins,
Où vont vivre
Deux gamins
Dans son sein
Peut être y survivre,
Au fond de la grotte
Comme l'ours en pelote.

J'en ai fait la visite
Comme un tour de piste
Ils n'y transpireront pas
Le soleil n'y sera pas
En fait de clarté
Ce sera la luminosité
Pâle, dorée, argentée.
De la fée électricité.

Le ciel, en permanence
Gris, d'absence,
Le géant au grand cœur
La rage en main
Au labeur inhumain
Donnera force et vigueur
A la grotte des Bonnettes
Comme aux motocyclettes
Il n'y aura pas mieux à faire
Tant, la grotte est a refaire.

Oh ! Grotte des bonnettes
Sur ta collinnette
Si tu avais su
M'abriter,
J'aurais pu
Venir y coucher.
Mon cœur y aurait
Eu chagrin
Quelques soirs ou matin.

Suppliques
(en sagesse de vie)

Quand mon âme
N'aura plus sa flamme,
Evaporée de mon corps.
Donc plus en accords,
Voila la seule rupture
Entre la vie et la mort
Je vous l'assure.
L'âme perdu à l'horizon
Le corps sous la terre
Enfin plus de misère
Plus de frisson.

Le caveau de famille
Sera mon dernier asile
Je vous y attendrais
Avec pleine sérénité
Il faudra pousser un peu
Tous ces gens si vieux.
Tous réunis en rond.
En cœur, nous chanterons
Enfin l'hymne à l'amour.
Moi au tambour
Serais le troubadour.
Sur le marbre sera écrit
Ci-gît de braves gens
Et leurs enfants.

Temps du retour

Tu as un jour
Imaginé !
Nous deux
Toujours
Amoureux
Moi
A quatre vingt quatre ans
Toi
Jeune de tes ans
Illuminés,
A nous remémorer
Le temps passé.
Le soir
A savoir
Qui a eu raison
A oublier les saisons !

Aujourd'hui,
Le temps
Du retour, celui
De mes vieux ans,
Te souviens tu
Du chemin parcouru ?
Des bons moments
Des coquelicots
T'en souviens tu ?

Chaque rose
A son épine,
Comme toute chose
Qui chagrine,
Tu as suivi
Ton chemin,

Moi le mien
Jusqu'ici
Au retour.

D'aujourd'hui
Pour toujours
Jusqu'à l'adieu
Suprême
Oublieux
D'autrefois, même
De ces matins
Où de la main
Tu semblais
Dire à demain
Comme un doux refrain.
J'y songeais
Un peu aussi
Mon cœur chantait
Et si…

A chacun
Sa raison
A chacun
Sa chanson
Vingt ans pour aimer
Quatre vingt pour rêver

Comme le chante
Jean Ferra
C'est beau la vie,
Ces mots me hantent
C'est beau la vie
Je te le cri
De tout mon cœur
Pour ton futur bonheur.

Ma petite maison

Construite au cœur
D'un village provençal
Face au Mistral
Est mon bonheur.
Devant et derrière
Une petite terrasse
En pleine lumière,
Ma maison
Sans horizon
Est un petit coin
Charmant
Que j'aime bien
J'y habite depuis
Bien longtemps
M'y sent si bien.

J'ai voyagé
Dans le monde,
Vu le monde
De tous les cotés,
Mais rien
N'est si beau
Que ma maison
Sans horizon.

L' arbre
En forme de sabre,
Les roses
Aux fleurs écloses,

Petit nid au soleil
Le matin au réveil
Mon palais de misère
Sans rivière
Ouvert au mistral
Et lumière de cristal
Un royaume
Sans horizon
Ma petite maison.
Sent le fenouil, le thym,
Le romarin le matin
A la rosée des étoiles
Des nuits sans voile.
Un asile de douceur
Cher à mon cœur
Au souvenir des ans
Difficiles d'antan.

Petite main

Qu'elle était douce
La petite main
Dans la mienne
Quand nous allions
L'âme sereine
De la maison
Au cinéma !
T'en souviendras
Tu un jour ?

Combien j'aimais
Avoir cette menotte !
Aujourd'hui mes
Yeux picotent.
Je ne savais
Pas encor que cette
Petite main
Un jour ne serrait
Plus dans la mienne
Des larmes, roulent
Sur mes joues molles
Où est mon idole ?

Un regard sur ce temps,
Où tu me disais
D'une voix sereine
« Je grandis, tu sais »
Hélas ! Voilà la vérité
De ce temps,

De ce grand bonheur
Ayant laissé l'empreinte
Dans mon cœur,
Sans complainte
De la petite main
Dans la mienne,
Comme un petit câlin
Du petit bambin
Affectueux, généreux
Disparu à mes yeux..

L'enfant à grandi
La petite main aussi
Le bambin devenu homme
N'effacera jamais en somme
L'image de tendresse
De cette jeunesse
Où la petite main
Dans celle de parents
Est la trace indélébile
De l'amour
Pour toujours.

Les souvenirs se construisent
Pendant le temps de vie,
La mort !
Les éternisent
En regrets, ou en remords,
Jamais sans oublie.

Ce temps qui reste
(ou le trou du silence)

Ce temps là
Presque là,
Je pense déjà
A la bas,
Au temps d'éternité
Sans amitié,
Où le silence est roi
Pour tous, pour moi.
Que me reste t-il
Encor, de ce temps ?
Tant que mon cœur
Bat fort,
Il fait le bonheur
Du temps
Qui reste,
C'est presque,
Encor
Un peu de vie.
Tout n'est pas fini.
Tant il bat tambour
Pour un peu d'amour,
Il faut que j'écrive
Jusqu'à la rive
Du temps qui me reste
De-ci, de-là, je jette
Quelques vers
Avant l'hiver.

Que restera t-il des années ?
Quelques images
De ces pages ?
Un dernier bouquet
De coquelicots ? De genets ?
Pour le temps
Qui reste, combien
De temps ?
Je n'en sais rien.
Ensemble, vivons
Les heures de ce temps,
Meilleurs moments
De la vie,
Où les choses
A dirent
Soient sans ennuie,
Avec amour,
Jusqu'au dernier jour.

Joli papillon

Fleur volante
Du printemps
Sans parfum,
Aux gré du vent
Tu es raison
Ignorante
De ma pensée,
Un bijou
Donnant au temps
Le meilleur du vent.

Le ciel
Est ton espace
Illimité,
Sans laisser
De trace,
Tu t'efface
Dans le vent
Du temps qui passe.
Laissant
Pourtant
Dans mon cœur
Sans odeur
La ferveur,
De l'instant.

Sensation fugace
Des couleurs
Du temps qui lasse.
Fleur sans couleur
Sans odeur
Image du printemps,

Sans bruit,
Timide,
Rapide,
Comme le vent
Tu fuis le temps.
Joli papillon.
Tu quittes ma maison.

L'hiver, tu sombres
Dans l'ombre
De la terre
A parfaire
Ta renaissance
Dans l'aisance
Du printemps
Prochain,
Demain,
Sur la fleur en chemin
Tu puiseras
Dans le soleil
Le miel
De la vie
Papillon joli.

Dans le ciel
Arc-en ciel
De l'été
Doré
Agitant les ailes
Comme l'étincelle,
Tu jaillis
Dans ma vie.
Te revoici
Dans ma maison
Joli papillon.

Etre un jour vieux

Pourquoi faut il
Etre vieux,
Ne plus
Etre viril
Pour recevoir
Tout ce que l'on
Aurait aimé
Avoir
Au temps où l'on
Aurait pu
Etre deviné ?

Pourquoi faut-il
Attendre
Le temps de la vieillesse
Pour prétendre
Espérer
Nouer ce fil
Avec la jeunesse ?

Alors qu'au temps
De la jeunesse
On l'attends
Le plus souvent..

Difficile
A comprendre
Difficile
A attendre
Quand ce temps
Des sollicitudes

Arrivent,
C'est un temps
D'habitude
Certaines,
Des règles
De la société humaine.

Entre adolescents
Et parents
C'est le temps
Des moments,
Où pendant
Longtemps
L'enfant
Cherche le courant
Rompant
Avec les ans,
Admettant
Tendrement
Qu'il viendra le temps
Exaltant
De vivre avec les parents.

Jeunesse ! Comme
L'arbre, bourgeonne
Avant de devenir homme
Pigeonne
Papillonne
Alors que les vieux
Un peu gâteux
Sermonnent
Ce que je veux dire,
Rien de pire
Simplement
Vous comprendre.

Vous entendre
Sans satire
Que vous entendiez
Compreniez
Que la vieillesse
Est aussi une jeunesse
Au cœur fragile
Sans être agile.

Jeunesse !
Si tu rêve ta vie
Les vieux
Sont heureux
De vivre leur vie.
Avec vous
Comme des fous

Ils n'ont, que les rides
De leurs peau,
Leur âme timide
Restez jeune,
Ce veut
N'oublier jamais
Qu'eux aussi
Ont été jeune
Au temps passé.
Comblez avec eux
Le temps resté
A vivre
Sans le pire
Mais avec un peu
De sourire.

Comportements comparés

Les animaux,
Elèvent leurs
Progénitures,
Avec chaleur
C'est une certitude.
De tendresse
De sollicitude.
Abritent,
S'acquittent
De ces tâches
Naturellement,
Aisément,
Jusqu'à l'envol de la vie,
Ce sont des animaux !

Les hommes aussi,
Ont de la prévenance
En permanence
Pour leurs enfants,
Jusqu'à la majorité
En toute liberté.
Mais sollicite
De leurs enfants
De la gratitude
En servitude,
Sans limite.
Toute la vie.

Homme
Ou animaux
Là, forcément
Peuvent être
Semblables.

Aux heures
Des découvertes
De la vie ouverte,
Où meurent
Les jours, et les ans,
Les différences
Se manifestent.

Les jeunes animaux
Profitent,
Appliquent,
Les connaissances
Acquissent
Des parents,
S'en réjouissent,
S'agitent,
Allègrement.

Les enfants
Des hommes,
Oublient ces ans
D'enfance,
Ré-invente
La vie en permanence
Avec moult erreurs.
Leurs cœurs
 Est en souffrance.

Et les parents
S'en étonnent.

A l'instar
Des animaux,
Ou, l'expérience
Des hommes,
Perdus trop tôt,
Par les enfants
Refusent l'exemple
Ancestral
Accumulés
De siècles
En siècles.
Font des hommes
Inachevés
Dans leurs pensées.

Si les animaux
Ont l'instinct,

Les hommes
Leur intelligence.

Il apparaît,
Donc que l'instinct
Soit plus éducatif
Dans le temps
Que l'intelligence.
Ne soyons
Pas des animaux
Pour cela,
Mais des hommes

Fier d'être là,
A transmettre
Le bien être
A notre tour.

L'expérience
Fraternelle,
Eternelle,
Doit se partager
De parents
A Enfants
Sans déraper.
Ni s'oublier
Pour l'éternité
Du temps
Ancestral
Comme l'animal.

Quand le soleil mord...

Elle,
Si belle
Voulait aussi
Une peau de miel,

Alla, sous le soleil
Un jour à midi
Sans marcher,
Chercher
Ce bonheur
Cher à son cœur.

Le soleil
Planait
En boule de feu
Au zénith
Dans la galaxie.

Dardait
Ses rayons d'or
Sur le corps
De la jeune fille
A demi
Nue,
Pied nus,
Les yeux
Mi-clos,
Offrant la peau
De son dos,

Et sa vie,
Au dieu ra
Sur la grève
D'une plage
D'un jour sans nuage.

Sous une brise légère
Venue du large,
Endormie
A temps perdu,
Oubliant
En marge,
L'étoile
Sans voile.

Comme une épée
Comme une lame
Comme une flamme
L'étoile a frappé

Ravage, morsure,
Et brûlure
Eurent
Raison
Au réveil,
Et sans façon,
De sa peau
Avec son calvaire.

Se retrouva
A l'hôpital,
Bandée
Au total,
Vivante,
Comme momie
En sarcophage.

Morale
Fatale

Le soleil mord, quand on le lui demande…

Nous les vieux, encor

On s'étonne,
Que nous les vieux,
Livrions
Nos mots vieux,
Plus vrais
Que ceux du temps
De la jeunesse !
Mûris
Par la vieillesse,

Nous, prés,
Tout prés,
A venir
pourrir
En terre
Vider notre ventre
Entre,
Et avec nos ancêtres.

N'ayant
Plus rien à cacher
Tout à cracher.
Quel moment
De sincérité
A jeter au vent
De l'éternité.
Ces vérités.

Au seuil
De vos deuils,
Qu'elle
Belle revanche

Du merveilleux
Sur la vie
A crier
En avalanche
Le verbe étouffé,
Si longtemps
Tout ces ans.

Laissez nous
Vous dire
Une dernière fois,
Et sans loi,
Avant de quitter
Le ciel pour la terre,
Le pire
De ces mots,
Amour et mort
Liés aux hommes
Comme
Etre et avoir été.

Les vieux
Ont la vérité en eux
Pitié, pitié
Un peu de charité
Ne jamais oublier :

Que vous êtes aujourd'hui
Ce que j'ai été,
Vous serez
Ce que je suis.

Table des matières

Contact : g.sanguinetti@free.fr
Catalogue : http://www.bod.fr

Dépôt légal : Février 2014
Edition : Books on Demand GmbH,
12/14 rond-point des Champs Elysées, 75008 Paris, France.
Impression : Books on Demand GmbH, Norderstedt,Allemagne.

Photographie de couverture : Hoàng Boudon (fils d'Yvan Boudon).